Hoffen auf das Bessere

Für meine Söhne
Henry und Ludwig

Inhalt

Gärten zwischen Wiesen,
in denen der Sommer summte

Ich dachte, ich sei ein Waisenkind. Die Leute sagten das Wort, wenn sie mich sahen, aber ich wusste nicht, was es bedeutet, und deshalb blieb es auch nur ein Wort. Ich wusste auch nicht, dass gewöhnlich Eltern zu einem Kind gehören. In dem kleinen Ort am Fluss, in dem ich aufwuchs, gab es genug Männer und Frauen, bei denen ich mich aufgehoben fühlte. Andere Kinder hatten auch verschiedene Familien, einige mit Geschwistern, andere mit Onkeln und Tanten, viele mit Großeltern.

Ich hatte die Großtante, eine alte Rote-Kreuz-Schwester, und ihre Oberin. Jeder kannte meine kurze Geschichte, und alle kannten die beiden Schwestern. Also nahmen alle Anteil und halfen den beiden bei dem, was sie sich aufgebürdet hatten, denn die Gebrechlichkeit des Alters machte ihnen bereits zu schaffen. Meine Großtante, Schwester Friederike, war pensioniert und mit ihrer ebenfalls pensionierten Oberin von Frankfurt nach Nassau zu ihrem Onkel gezogen, weil die Oberin krebskrank war, damals ein Todesurteil. Friederike sollte sie pflegen, und als sich die beiden im Hause meines Urgroßonkels, halb am Berg zwischen Weinhängen, gerade eingerichtet hatten, starb meine Mutter bei meiner Geburt.

Friederikes Schwester, meine Großmutter, brach vor Kummer und Schmerz zusammen, und mein Vater war ein junger mittelloser Mann. Wer hätte sich kümmern sollen? Also wickelte mich Friederike, die ihrer Nichte beim langen schmerzhaften Sterben beigestanden hatte, in ein kariertes Reiseplaid und nahm mich, gerade mit der Nottaufe versehen, heim in das Haus zwischen den Weinhängen.

Nassau an der Lahn: Großtante Schwester Friederike (rechts) mit ihrer Oberin und ich mit Häsimandili, meinem Stoffhasen.

Die beiden alten Frauen hatten, wie die meisten anderen in der Inflation, Anfang der 1920er Jahre ihr Geld verloren, und die Rente war kärglich. Aber ein zusätzlicher Mensch, und sei er noch so klein, braucht Milch und Weck, Windeln, Hemdchen und später Schuhe und vielleicht ein Mäntelchen. So schrieb die Oberin meinem Großvater einen Brief: » ... und haben wir Gemüse und Obst aus dem Garten, Milch und Grieß kosten nicht viel. Wenn uns der Herr Major im Monat zehn Mark schicken möchte, könnten wir das Kind gut versorgen.«

Mein Vater wurde gar nicht gefragt. Die beiden Frauen wussten, dass er höflich zugesagt, aber nie etwas geschickt hätte. Mein Großvater aber half. Er war eigentlich mein Stiefgroßvater, nämlich der zweite Mann meiner Großmutter, nahm mich genauso und ohne zu zögern als Enkelkind an, wie er meine Mutter als Tochter behandelt und bis in ihre kurze Ehe hinein mit allem ausgestattet und versorgt hatte, was notwendig war. Er war der einzige Großvater, den es für mich gab, und er musste sich in diesem Sommer 1927 um meine Großmutter kümmern. Ihre Verzweiflung und ihr Zorn richteten sich gegen meinen Vater, dem sie die Schuld am Tod ihrer einzigen abgöttisch geliebten Tochter gab. »Hätte er sie nicht in dieses Drecksloch, sondern rechtzeitig zu uns nach Hamburg in eine saubere ordentliche Klinik gebracht – dann wäre sie nicht so elendiglich am Kindbettfieber gestorben!«

Mein Vater aber hatte damals im Ruhrgebiet eine Anstellung gefunden, wo sich der schwarze Staub sofort wieder aufs Fensterbrett senkte, wenn man ihn gerade abgewischt hatte, und wollte den ersten Schrei seines Sohnes hören. Doch »Es ist *nur* eine Tochter!« hatte die Hebamme verkündet, und er war wohl zu jung, vielleicht auch zu stolz, um angemessen zu reagieren. Er lebte erst seit ein paar Jahren in Deutschland und musste sich zum ersten Mal in seinem Leben sein Geld selbst verdienen. Alles, was seiner Familie in der

k. u. k. Monarchie gehört hatte, Schlösser und Häuser, Wald und Jagd, war ebenso wie der Krieg verloren, und sein Vater hatte seinen vier Kindern, um die zwanzig, nur sagen können: »Also schaut's, wie ihr zurechtkommt!« und zog sich mit seiner Frau auf eine ferne Insel zurück, wo er mit seiner bescheidenen Pension auskommen konnte.

Der Älteste, mein Vater, war nach Deutschland gegangen, das, von Österreich her betrachtet, als das reiche Nachbarland galt. Er war einsam, aber nur aus einem Brief, den er nach dem Tod meiner Mutter einer Freundin geschrieben hat, erfuhr ich später, wie verzweifelt er damals war. Er fühlte sich zurückgestoßen, im Stich gelassen, er hatte niemanden, der ihn tröstete. Kein Zuhause, die Geschwister in alle Winde zerstreut.

Meine Großmutter aber war unerbittlich in ihrem Schmerz, wollte nichts mehr von diesem Schwiegersohn hören, hüllte sich in tiefschwarze Trauerschleier und Gewänder, die sie bis zu ihrem Tod nicht wieder ablegte, und hatte, was man damals einen Nervenzusammenbruch nannte. Ihr Mann musste sie in eine Klinik bringen, löste derweil die Wohnung in Hamburg auf und bereitete einen Umzug vor, denn in der gewohnten Umgebung, so meinte er, hätte sie alles immer wieder an ihren Verlust erinnert.

Mein Großvater gab, ohne einen Moment zu zögern, sein Zuhause, seine Familie und seinen Freundeskreis auf und kaufte ein Auto, das zweite Modell der Firma Opel, einen 4/16 mit sechzehn Pferdestärken, damit er seine Frau nach ihrer Genesung mit kleinen Autotouren zerstreuen und vielleicht erheitern konnte. Er suchte Göttingen als neuen Wohnsitz aus, weil seine Frau dort Verwandte und Freunde besaß. Als ehemaliger kaiserlicher Offizier war er häufige Ortswechsel gewohnt, und Göttingen als Universitäts- und Pensionärsstadt garantierte ihm eine Nachbarschaft von ausreichend ebenfalls nach 1918 pensionierten Offizieren, mit denen er Bridge spielen und darüber reden konnte, wer in welchem Regiment wo gestanden und wie viel Schulden gemacht und »gegen wen« geheiratet hatte. So wurden meine Großmutter Sophie und mein Stiefgroßvater Elli in Göttingen ansässig, und weil ihm ebenso wie seiner Schwägerin Friederike klar war, dass von meinem Vater keine finanzielle Hilfe zu erwarten war, schickte er den beiden Rote-Kreuz-Schwestern die erbetene Unterstützung.

Meine Großmutter aber stieg in Göttingen auf den Dachboden, wo die Rohrplattenkoffer standen, die sie aus Manila, aus ihrer ersten Ehe, mitgebracht hatte und in denen sie alle Kleider meiner Mutter aufgehoben hatte, vom Strampelhöschen bis zu dem grauen Wollkostüm, in dem meine Mutter im Februar 1927 in die Klinik gegangen war. Nun holte sie aus dem Lavendelduft der Koffer das heraus, was jetzt wieder gebraucht wurde, Babykittelchen aus Batist und Spitze, Spielhöschen und Sonnenhäubchen. Sie nähte in Göttingen dies und jenes zurecht, und in Nassau säumte meine Großtante Windeln und ribbelte elfenbeinweiße Bettjacken von sich und der Oberin auf, um Babyjäckchen und Strampelhosen zu stricken. Ich wuchs in fremden Kleidern auf, aber das begreift ein Kind erst später. Ich wuchs im Glück auf.

Nassau war eine alte Reichsstadt am Fluss, an der Lahn, zu Füßen eines Burgbergs mit den Ruinen des Stammsitzes der Oranier und, an der Flanke des Berges, des Freiherrn vom Stein. Sein kleines Schloss stand in der Stadt, jenseits eines Grabens, in dem der Wassermann hauste, mit einem Turm, den der Reichsfreiherr vom Stein im Stil der seinerzeit modernen Neugotik in achteckiger Form und mit Spitzbogenfenstern hatte anbauen lassen. Es gab noch die Stadtmauern mit Wehrtürmen und Schießscharten, aus grauen Schiefersteinen gebaut. Einer war der Hexenturm und hieß Katherlieschen, nach der letzten Hexenfrau, die dort im Verlies geschmachtet hatte. Oder verbrannt wurde? Wer weiß.

Schiefer war das Erste, was ich bewusst fühlte: seine Glätte, warm von der Sonne, unter den nackten Füßen, die die flachen Stufen vom Haus zum Gartentor hinauf- und hinuntertappten. Seine Glätte und Rutschigkeit, wenn ich, als ich laufen konnte, den Pfad bergauf zwischen Brombeerranken, Johanniskraut und Heckenrosen lief. Seine Geduld, wenn ich mit Kreide die ersten Kringel und Linien auf die schwarzgraue Fläche malte.

Mein Urgroßonkel hatte sich der wachsenden Familie wegen Hühner zugelegt. Wir hatten ein Hühnerhaus mit einer Hühnerleiter, und die Tiere liefen auf der Wiese hinter dem Haus herum, kakelten und spektakelten, und man musste aufpassen, wenn man sich auf den Rasen setzte, denn sie hinterließen überall ihre Haufen und überfielen die Teegesellschaft der Puppen. Sie pickten ihnen die Locken vom Porzellankopf und den Kuchen von den Puppentellern.

Meine Großtante hatte immer eine Katze. Die erste, die ich kannte, war der Schwarze Peter, ein Kerl von einem Kater, schwarz, kräftig, stark, der dicke Schädel voller Narben von Gefechten mit Rivalen und Füchsen. Meine Großtante stellte ihm jeden Morgen eine Emailschüssel mit blauem Rand auf die Veranda, mit Milch, in die sie das Weiche ihres Frühstücksbrötchens gebrockt hatte. Der Schwarze Peter kam wie ein Geist, schleckte und leckte und war beleidigt, wenn man über die schneeweißen Milchtropfen auf seinem rabenschwarzen Nasenfell lachte. Er ließ sich nur von meiner Großtante streicheln.

Eines Tages kam er nicht heim. Meine Großtante rief nach ihm, rief immer wieder, bis in die Nacht hinein, auch am nächsten Tag und am nächsten. Irgendwann war er wieder da, eine Vorderpfote ein blutiger Stumpf. Er war abgemagert, struppig und verdreckt. »Ach du Armes!« sagte meine Großtante und nahm ihn auf den Arm. »Das muss eine Fuchsfalle gewesen sein, und er hat sich freigebissen.« Er hatte Fieber. Sie gab ihm eine Spritze, und ich hielt ihn fest. Er schmiegte seinen dicken Kopf in meine Hand und schlief danach ein. Am nächsten Morgen schlief er immer noch, und meine Großtante nahm ihn auf den Schoß, schlug ihn in ihre Schwesternschürze und ging mit ihm aus dem Haus. Es dauerte lange, und als sie zurückkam, war sie allein.

Der Schwarze Peter war der Erste, den ich sterben sah. Meine Großtante ging am nächsten Tag mit mir von Haus zu Haus, wo es Katzen gab, und fragte: »Habt ihr ein Junges vom Schwarzen Peter?« Und als die Bäckersfrau »Ja« sagte, durfte ich mir ein Kätzchen aus dem Wurf aussuchen. Ein Wusselchen, Jahre später aus Wusselchens letztem Wurf ein Minchen und ganz zum Schluss ein Billchen. Das war schon im Krieg, im Zweiten Weltkrieg, und sein Schicksal ist eine andere Geschichte.

Meine Großtante hatte also immer eine Katze, und der Schmied einen Hund.

Wenn man von unserem Haus über die glatten, rutschigen Schieferplatten zur Stadt hinunterging, flackerte einem das Schmiedefeuer entgegen, und das Ping Ping der Hammerschläge auf Eisen klang glockenklar. Der Hund war so schwarz wie das Innere der Schmiede, und er lag wie ein Höllenhund vor der Pforte. Er bettelte nicht, er knurrte nicht, aber er schaute mich unverwandt an, als ob er etwas von mir wüsste. Ich hatte keine Angst vor ihm, aber ich wäre nie auf die Idee gekommen, ihn streicheln zu wollen. Er war der Hund des Feuers, das war sein Beruf.

Angst hatte ich vor dem Truthahn. Er stolzierte zwischen den Hühnern und Gänsen auf einer Wiese, und um ihn herum wurde genickt und gepickt, aber er stand nur da in seinem schillernden Gefieder, schön, schwer und scheußlich rot am Kopf und kollerte und kam zum Zaun geschwankt und drohte mit seinen Flügeln. Jemand hatte gesagt, rote Farbe reize Truthähne zum Angriff, und mein Kinderkittel war in jenem Sommer mit einem breiten roten Streifen am

Saum verlängert worden. Ich fühlte schon die harten Krallen und die Flügel wie Dreschflegel, und wahrscheinlich habe ich geheult oder geschrien. Ich sehe noch, wie die Oberin nur einen Arm hob, so dass ihre schwarze Oberinnenpelerine zu flattern begann. Schon war der Truthahn nur ein feiger Vogel und floh davon.

Wenn es ein festlicher Tag war, legte die Oberin ihre goldene Kette an, an der ein flaches, glattes goldenes Kreuz hing, darauf zwölf Rubine. Die Großtante hingegen steckte sich den Orden an, der an einer schwarz-weiß-roten Ripsschleife hing und auf seiner Rückseite sagte: »Fuer Verdienste um das Rothe Kreuz«. Sie war im Ersten Weltkrieg ins Feldlazarett an die Westfront geschickt worden, mit feldgrauer Haube und in feldgrauer Schwesterntracht. »Ach, die armen jungen Kerle«, sagte sie immer, wenn sie auf diese Zeit zu sprechen kam, und die Erwachsenen nickten, denn man wusste ja, wie das mit den armen jungen Kerlen gewesen war.

Ich wusste, wie sie aussahen, denn es gab einige große Fotografien, die den Garten des Spitals in Frankfurt zeigten, in dem die Oberin und meine Großtante gearbeitet hatten. Da sitzen die armen jungen Kerle unter den mächtigen Linden an Gartentischen und starren in die Kamera. Sie kommen mir gar nicht jung vor. Sie tragen eine Art Lazarettuniform aus Leinen, manche auch Leinenmützen, aber die meisten haben dick eingewickelte Schädel oder geschiente Arme oder ein leeres Hosenbein und eine Krücke wie eine Holzleiter. Auf manchen Fotos sitzt meine Mutter als kleines Mädchen zwischen ihnen, eine Elfe mit großer Haarschleife und hellem Batistkleid, und die Verwundeten schauen sie so an, dass man weiß: Sie denken an ihre eigene kleine Tochter, ob es ihr wohl gut geht, und ob ich gesund werde, und sie wieder in die Arme nehmen kann?

Das Spital mit den großen Bäumen im Garten gehörte dem »Rothen Kreuz von 1866«, einem Armenspital. Um Geld zu sparen, erlernte jede Schwester ein Handwerk. Es gab die Korbmacherin, die Körbchen für die Neugeborenen flocht, Schneiderinnen und Köchinnen sowieso, auch eine Ofensetzerin. Meine Großtante lernte das Elektriker-Handwerk. Ich habe und hüte noch heute einen ihrer großen Schraubenzieher, auf dessen goldbraunem Holzgriff ihr Name schwarz eingebrannt ist: »Schwester Friederike«.

Sie war Operationsschwester gewesen, als Strahlenschutz noch kein Wort war, und besaß noch einen silbernen Kasten mit Spritzenbesteck, Scheren und Skalpell. Das Spital war ein Belegkrankenhaus der meist jüdischen Ärzte der Umgebung, die es auch finanzierten und für deren wohlhabende Patienten in der Küche koscher gekocht wurde. »Wenn eine von uns aus Versehen das Besteck für die Fleischsach in die Schublade der Milchsach gelegt hat, war es nicht mehr rein und kam zu unserem Besteck. Aber das Schönste war, wenn eine von uns zur Hauspflege gebeten wurde. Wie gut habe ich es da gehabt! Nur eine einzige Patientin, und ich konnte die ganze Zeit im Sessel sitzen und wurde von vorn und hinten bedient. Manchmal haben wir uns unterhalten, manchmal hab ich vorgelesen, und schon gab's wieder eine Tasse Kaffee. Das war wie Ferien.«

Richtige Ferien hatte sie nie gemacht. Da war die Patientin, die kurz vor der Geburt stand, da der alte Mann, der nur darauf wartete, dass sie ihm mit ihren sanften Händen den Verband wechselte. Sie hat in ihrem ganzen Schwesternleben ein einziges Mal mit anderen Schwestern einen Ausflug mit der Kutsche auf den Feldberg gemacht, und einmal ist sie zu Verwandten in die Schweiz gereist. Die Stadt Frankfurt kannte sie gar nicht. Das Krankenhaus war ihr Zuhause. Da wohnte sie mit den anderen Schwestern, dort hatte sie alles, was sie brauchte, und noch als alte Frau sang sie mit brüchiger Stimme die Lieder, die sie als junge Schwestern abends gesungen hatten, wenn sie alle zusammen unter einer der großen Linden saßen. Die Fenster des Spitals standen weit offen, und in den Kriegsmonaten schauten »die armen jungen Kerle« zu den Schwestern hinunter und hörten zu, wie sie sangen und lachten und sich unterhielten.

Sie trug immer, auch später noch, ihre Schwesterntracht: graues Baumwollkleid mit Perlmutterknöpfen, weiße Schürze, weiße gestärkte Haube. Die Oberin war in Schwarz: Wollkleid, kratzige Sergeschürze, schwarzer Schleier über der Haube und, wenn sie ausging, eine Pelerine um die Schultern. Nur so kannte ich die beiden, die Oberin und ihre OP-Schwester.

Manchmal kam eine Schar Schwestern aus Frankfurt zu Besuch nach Nassau und flatterte wie ein Vogelschwarm mit wehenden Röcken zwischen den Hühnern des Urgroßonkels, und wenn sie dann nach Kaffee und Kuchen noch am Tisch saßen, holte meine Großtante ihr kleines, dickes rotes Buch heraus und fragte: »Was soll's denn sein?«

Das kleine, dicke rote Buch hatte meine Großtante von ihrem Vater, dem Pastor, bekommen, als sie, ein halbes Kind, ihm anstelle der gestorbenen Mutter den Haushalt führen musste. Er hatte für sie mit nadelfeiner Feder und in winzigen Buchstaben das hineingeschrieben, was ihm wissenswert erschien: »Tintenflecke aus Leinenzeug zu machen«, »Gelbgewordene Wäsche wieder weiß zu machen«, »Rost von Stahl zu bringen«, »Versalzene Speisen essbar zu machen«, »Gegen Zahnschmerzen«. Sie hatte diese unvergleichlichen Regeln ihr ganzes Leben lang ergänzt. In der Zeit in Frankfurt war das vor allem Selbstgedichtetes für die kleinen Feste der Schwestern zu Weihnachten oder Ostern. Dann, in Nassau, in der Gesellschaft von alten und älteren Nachbarn und Bekannten, die so sparsam lebten wie sie, keine Diners oder ähnliche Abendeinladungen gaben, sondern sich nachmittags trafen, zu einem Kaffee mit selbstgebackenem Kuchen auf der Kreuzstichdecke, begann der Reigen der Rezepte: »Hefeteig, wie ihn Ursel macht«, »Frankfurter

Kranz nach Frau Amtsrat H.«, »Kartoffelsalat ohne Mayonnaise«. Dazwischen Kalendersprüche, Ratschläge zur Blumenpflege, das Strickmuster für ein Kinderjäckchen.

Die Frage »Was soll's denn sein?« zielte auf die Geschichten und Gedichte von damals, die selbstverfassten Singspiele und Geburtstagsoden, aber auch Anekdoten, und dann lachten sie alle immer wieder Tränen. Ein paar Seiten weiter aber stand ein Gedicht von Johann Gottfried Seume, dessen *Spaziergang nach Syrakus im Jahre 1802* ihr Lieblingsbuch war: » ... und weigerte man mir auch Sarg und Decke / was liegt mir dran? Flaum oder Stein ist eins, an welchem Flecke / geht mich nichts an.« Dazwischen die zierliche Handschrift der Oberin mit Kriegsrezepten für eine Königsberger Stolle oder gereimte Rätsel.

Die Oberin war eine schöne, stattliche Person mit weißem Haar, sehr sanft und sehr schweigsam. Ich weiß nicht, ob sie Schmerzen litt. Es roch oft nach Campher und Franzbranntwein, und meine Großtante wickelte nach jeder Wäsche breite Binden aus Flanell oder Leinwand. Die Oberin ging am Stock, und ihre schwarze Gestalt mit dem wehenden Schleier war im ganzen Ort bekannt. Wenn ein Kind geboren wurde, besuchten wir die Wöchnerin, und immer hatte der Storch, der diese ins Bein gebissen hatte, etwas für mich mitgebracht: ein Röhrchen mit kleinen bunten Liebesperlen oder ein Vergissmeinnicht aus Blech. Ich kannte Störche. Sie rasteten manchmal auf den Flusswiesen, aber ich hatte sie noch nie mit einem Gepäckstück voller Liebesperlen gesehen, und ich war gewiss nicht das einzige Kind, das sie bedachten.

Beide alten Frauen bewegten sich ruhig und ohne Hast. Sie genossen die Zeit, die ihnen blieb. Sie kauften die Eier bei einem Bauern, ließen sich die Milch in die Milchkanne füllen und bekamen vom Metzger am Schlachttag eine Wellwurst geschenkt. Sie schauten dem Apotheker zu, wie er die Pillen drehte, und gingen mit dem Gärtner zum Salatbeet, um sich den dicksten Kopf auszusuchen und schneiden zu lassen.

Meine Großtante kochte auf einem wunderbaren Herd: Die Platte war spiegelblank wie Silber. Darunter brannte ein Holzfeuer, das herauslohte, wenn sie die Ringe der Kochstelle mit einem Eisenhaken und unter großem Geklirre herausnahm, um einen Topf auf die offene Flamme zu stellen. Rechts, im Schaff, einem im Herd eingelassenen Bottich, war immer warmes Wasser, und ganz am Rande der Herdplatte, dort, wo man fast die Hand auflegen konnte, falls man mutig genug war und die Großtante nicht hinschaute, stand immer etwas Interessantes: eine mit einem sauberen Tuch zugedeckte Schüssel mit Hefeteig, der gehen musste, oder ein großer Topf mit geviertelten Zwetschgen, die zu Mus schmelzen sollten, was Stunden und Aberstunden dauerte.

Sparsamkeit war ein Wort, das oft benutzt und auch mit rotem Garn in einem entsprechenden Motto auf Stramin gestickt wurde, damit es keiner vergaß. Sparsamkeit bedeutete: den Quark beim Milchmann nicht verpacken, sondern gleich in unsere blaue Steingutschüssel füllen lassen. Socken stopfen und Bettlaken stürzen – längs durchschneiden und die Außennähte zusammennähen, so dass die mürbe Mitte nach außen kommt und Ruhe hat –, in Kinderkleider breite Säume nähen, die jeden Sommer ausgelassen und verlängert wurden. Einwickelpapier glatt streichen und weiterverwenden. Die Klebenähte der Briefumschläge vorsichtig lösen, das Papier umdrehen, neu falten und linksherum wieder zukleben. Kreuzworträtsel mit Bleistift nur zart ausfüllen, dann alles ausradieren und das Heft weiterschenken. Und die grauen »Pappendeckel«, zwischen denen die Röntgenplatten verpackt waren, sorgfältig mit schwarzem Kaliko einrahmen, mit ausgeschnittenen bunten Bildern oder Postkarten bekleben, an einer Schmalseite durchlöchern und mit einer Kordel zusammenbinden. So entstand ein Bilderbuch nach dem anderen, und meine Großtante schrieb mit ihrer klaren, schönen Schrift eine Geschichte zwischen die Bilder, die irgendwie zusammenpassen mussten. In einem der Bücher hört ihre Schrift mitten im Satz auf, wahrscheinlich war ihre Phantasie so erschöpft, dass sie die Bilder dieser Seite nicht mehr in einen Zusammenhang bringen konnte. »Und sagte die Giraffe zur Spinne …« Diesen halben Satz habe ich sicher hundertmal vollendet.

Die Oberin erzählte Märchen. Ich durfte mich dabei vorsichtig auf ihren Schoß setzen, nicht anlehnen, nicht zappeln, das täte ihr weh. Wenn ich krank war, erzählte sie die Geschichte von Rotkäppchen ohne Wolf, damit ich mich nicht so aufregte und das Fieber noch stieg. Doch kein Wolf konnte mich so quälen wie die Unruhe wegen dieser falschen Geschichte. Ich merkte, dass etwas fehlte, aber ich wusste in meiner Fieberhitze nicht, was es war.

Die Königstöchter erlitten ein ähnliches Schicksal. Sie führten keineswegs ein Leben in Glanz und Gloria. Auch wenn sie durch Küsse und Zaubertricks erlöst wurden, blieben sie bescheidene Aschenputtel, und das Allerleirauh der Oberin hätte viel lieber immer weiter Körbe geflochten, als sich in Samt und Seide kleiden zu lassen. Ich begriff wohl, dass es kein Vergnügen sein sollte, in einem Schloss mit langen, zugigen Fluren zu wohnen, die drückende Krone auf dem Kopf tragen zu müssen und wegen dieser kneifenden Seidenkleider nicht mit den Dorfkindern spielen zu dürfen, aber ich begriff nicht, warum das nur mir vorgeführt wurde. Bei den anderen Kindern lebten die Königstöchter in aller Pracht und Herrlichkeit, so wie es sich für Königstöchter gehört.

Erst als Erwachsene habe ich verstanden, warum die beiden alten Frauen mich davor bewahren wollten, mit falschen Erwartungen aufzuwachsen. Vom märchenhaften Leben meiner väterlichen Familie war nur ein Name übrig geblieben. Ich hatte nichts zu erwarten.

Gevatter Tod aber wurde nie gestrichen oder seiner Dunkelheit beraubt. Er war ohnehin unser Geselle. Er lehnte am Türrahmen und hörte schweigend zu, wenn die Oberin von ihm erzählte. Ich sah seinen Schatten. Ich wusste, dass er dort wartete, nicht auf mich. Aber ich hätte ihn gern gefragt: »Was ist das, wohin du meine Mutter geführt hast?« Doch ich war zu scheu. Es schien zudem kein schlimmer Ort zu sein, denn die alten Frauen gingen gelassen mit dem Gevatter um und fürchteten nicht das Land, in das er sie führen würde.

Sie lebten in einer Gesellschaft von ihresgleichen, Frauen, denen die Verlobten, Männer, Väter und Brüder im Ersten Weltkrieg gefallen waren. Sie führten die Kurzwarenlädchen alleine weiter oder das einzige Geschäft für Süßigkeiten. Sie wohnten in den leer gewordenen und leer gebliebenen Häusern. Die Inflation hatte das genommen, was sie ihr Vermögen genannt hatten. Manche vermieteten ein Zimmer an ein »möbliertes Fräulein«, die Sekretärin beim Bürgermeister oder die Büchermutter, wie sich die Bibliothekarin nannte. Und wer einen Garten hatte, und sei er noch so klein, lebte von dem, was der Garten brachte.

Damals war das Selbermachen noch üblich. Das Sonntagsbrot wurde zu Hause gebacken, das Gemüse für den Winter getrocknet oder eingeweckt. Der Einmach-Sommer begann, wenn unser Briefträger, rote Haare über der blauen Uniform, von der Gartentür her rief: »Schwester Friederike! Grüße von der Mutter, und die Johannisbeeren wären reif!« Das bedeutete: den Bollerwagen mit den leeren Gefäßen füllen und zur Au hinuntermarschieren, wo in der fruchtbaren Flussschleife der Lahn Garten neben Garten lag, und mit den anderen Frauen und Kindern pflücken, was die Sträucher boten.

Die Himbeerhecken wuchsen in den Gärten der Häuser am sonnigen Hang und in den Tälern der Bäche, die den Fluss speisten. Gärten zwischen Wiesen, in denen der Sommer summte. Meine Großtante vertauschte die weiße gestärkte Schwesternhaube mit einer grauleinenen Arbeitshaube, zog das Schwesternkleid an, das schon vielfach gestopft und geflickt war, und band sich statt der üblichen weißen Schürze eine aus grober Baumwolle um, blauweiß gestreift.

So und ähnlich gekleidet, gingen sie in die Himbeerhecken, die alten Frauen, denen Haus und Garten gehörten, seit Vaters oder Urgroßvaters Zeiten, die alten Frauen der Nachbarschaft, deren Himbeeren noch nicht reif waren, und die alten Frauen der Verwandtschaft und Freundschaft. Sie hatten abgegriffene Strohhüte auf oder Hauben wie meine Großtante. Sie gingen, mit Porzellangefäßen um den Leib gebunden, die Reihen ab und pflückten den ganzen Vormittag, sie oben, wir Kinder unten, und am Ende der Heckenzeilen standen große Gefäße, in die wir unsere Ernte kippten. Mittags saßen alle mit zerzausten grauen und weißen Haaren, zerstochenen Händen und müden Füßen im Schatten der Markise am Haus, die Haut auf Nase und Wangen leicht gerötet, schauten zum offenen Fenster in die Küche hinein, in der schon die ersten Töpfe mit ihrer Ausbeute auf dem Herd brodelten, vielleicht schon der erste Saft durchs Mulltuch tropfte, das zwischen die vier Beine eines umgedrehten Küchenhockers gebunden war. Saft erster Ordnung für Gelee und Nobelangelegenheiten, Saft zweiter Ordnung, das Fruchtmus noch einmal aufgekocht, für Rote Grütze und für den Saft, den wir täglich tranken.

Die Kommune der alten Frauen. Arbeit, soweit die Kräfte reichten, und diesen angemessen. Wer nicht pflücken mochte, weil ihm die Hitze zu stark war, saß in der Küche und half bei Marmelade, Gelee und Saft. Oder saß friedlich im knarzenden Korbstuhl im Schatten, gab Befehle, um die sich keiner kümmerte, und nickte zwischendurch ein wenig ein. Ich weiß nicht, nach welchen Regeln Arbeit in Himbeeren umgerechnet wurde. Ich kannte mich aber in allen Küchen und Kellern aus und wusste, dass sich die hölzernen Vorratsregale, von meinem Freund, dem Schreiner, nach Maß gemacht, bei allen bis zum Rande füllten.

Als ich nicht mehr am Rockzipfel der beiden Rote-Kreuz-Schwestern hing, spielte ich mit allen Kindern dort, wo sie auch spielten. Auf der Wiese, auf der Straße, im Hof, am Fluss, im Stall. Wir bauten aus alten Hafersäcken Zelte, stöberten auf den Dachböden alte Fotoapparate, Beinprothesen und Sachen zum Verkleiden auf, kochten für unsere Puppen auf Kerzenflammen Grießbrei, schauten im Stall das gerade geworfene Kälbchen an und rochen, wo welche Mutter einen Kuchen im Ofen hatte. Wir marschierten im Hochzeitszug durch die ganze Gegend. Der Brautschleier war eine alte Gardine, ein Kind musste ihn als Schleppe tragen, weil darin schon die Puppen als Babykinder wie in einer Hängematte gleich mitgeschleppt wurden, und ich war der Bräutigam, weil alle anderen Mädchen Zöpfe hatten, die Buben zu klein waren und die Großtante mir die Haare so kurz wie möglich zu Simpelfransen geschnitten hatte, wie man damals den Pony nannte.

In einem Sommer wurde meine Familie größer. Die Oberin bekam oft Besuch von einer Nichte, die einmal einen ihrer Söhne mitbrachte, der drei oder vier Jahre älter war als ich.

Der Junge schaute sich alles genau an und folgte meiner Großtante auch in die Küche. Dort stand schon alles für den Nachmittagskaffee bereit, und der Junge fragte: »Tante Frieda, gehört dir das alles?«

»Ja«, antwortete sie und öffnete die Tür zur Speisekammer, so dass man den gestürzten Schokoladenpudding oder eine Schale mit Roter Grütze und einen Krug Vanillesauce sehen konnte und wer weiß, was noch.

»Und gehört dir auch die Speisekammer?«

»Ja«, sagte meine Großtante abermals, und der Junge: »Dann heirate ich dich!«

Das Fest wurde gleich gefeiert, und weil die Braut mit ihrer Schwesternhaube keinen Kranz tragen konnte, bekam ihn der Junge aufgesetzt. Auf diese Art und Weise bekam ich einen Großonkel.

Später, als ich nur noch in den Sommerferien zu meiner Großtante kam, waren meine Freunde zuerst scheu, aber nachdem wir am
ersten Abend bis in die Dunkelheit hinein Ball gespielt hatten, war
danach alles wie immer. Wir spielten in jedem Sommer etwas anderes,
manchmal nur Ball, manchmal dachten wir uns Streiche aus, manchmal wanderten wir in den Hochwald, manchmal lagen wir von
früh bis spät im Schwimmbad an der Lahn oder paddelten auf ihrem
stillen Wasser.

Ich war gern dort, in allen Sommerferien meines Lebens. Ich war
lieber dort als bei meiner Großmutter, und wenn die Mirabellen reif
wurden und meine Großtante mit einer Freundin alte Bettlaken unter
ihrem Baum ausbreitete und ihn dann erst vorsichtig schüttelte, so
dass die kleinen goldenen Früchte, aufgeplatzt vor Reife, sanft landen
konnten, war das ein Zeichen: Die Ferien gingen zu Ende. Ich versuchte, so garstig wie möglich zu sein, damit meine Großtante zornig
wurde und mit mir schimpfte, so dass ich sagen konnte: »Ein Glück,
dass ich hier wegkomme!«

Ich weinte trotzdem heimlich, auch noch, als ich im D-Zug Paris–
Berlin–Warschau saß, denn Nassau war ein berühmtes Kurbad und
D-Zug-Station. In Eichenberg musste ich umsteigen, in den D-Zug
Rom–Kopenhagen, und auch Göttingen war damals schon D-Zug-
Station.

Dann kam der Zweite Weltkrieg, die Bomben fielen in Teppichen
auf Burgberg, Stadt und Au. Was gewesen war, lag in Trümmern. Zum
Schluss sprengte die Wehrmacht bei ihrem fluchtartigen Rückzug im
Frühjahr 1945 alle Brücken über die Lahn. Es gab nie wieder einen
D-Zug.

Jahrzehnte später musste ich für eine Reportage einmal die alte
Strecke fahren, nun in einem Triebwagen, und als der Fahrer merkte,
dass ich noch jeden Stein und jedes Haus kannte, lud er mich ein, neben ihm zu sitzen, und erklärte mir alles, was sich verändert hatte und

was neu war, aber ich sah noch einmal das, was es nicht mehr gab. Und der Fahrer schaute weg, als ich weinte.

Aber es gibt noch Bilder. Mein Urgroßonkel hat das alles gemalt. Er war nach seiner Bankierslaufbahn in Frankfurt als Rentier mit seiner Frau in seine Vaterstadt an der Lahn zurückgezogen und lebte seinen verschiedenen Liebhabereien. Er forschte über die Geschichte von Nassau und gab ein ortsgeschichtliches Blatt heraus, er kelterte seinen eigenen Wein, und unten im Keller, in dem die großen Glasgefäße manchmal seltsame Geräusche machten, wohnte, wie er behauptete, auch das Stachelschwein. Auf seinem Schreibtisch lag ein langer, spitzer, schwarz-weißer Stachelschweinstachel, mit dem er Briefe öffnete, und der war Beweis genug für den Unhold unten bei den Weinphiolen, und kein Mensch musste mir verbieten, die steile Stiege zum Keller hinunterzusteigen und mir dabei vielleicht den Hals zu brechen. Weil seine Nichte Friederike mit ihrer kranken Oberin eine Bleibe suchte, hatte er ihnen eine kleine Wohnung in seinem Haus eingerichtet und vermietet.

Seine größte Leidenschaft aber war das Malen und Zeichnen. Er malte die Welt, in der er lebte, in der Zeit zwischen den beiden Weltkriegen. Er malte den Fluss, die bewaldeten Hänge, die Burgen, Kirchen und Schlösser, die Blumen, die am Ufer des Flusses in üppiger Fülle wuchsen. Er wollte nichts anderes, als das festhalten, was er liebte und was er schön fand, und dazu wanderte er bei gutem Wetter mit all seinen Utensilien hinaus. Deshalb sind seine Bilder hell und lichterfüllt, und auf den Wiesen tanzt der Sonnenschatten. Sein Zimmer roch nach Ölfarben und Terpentin, überall lehnte Fertiges und Halbfertiges.

»Wer ist das?« fragte ich, als er das Porträt einer jungen Frau vollendet hatte.

»Das war unsere Mutter«, sagte er, »sie ist an gebrochenem Herzen gestorben.«

Hatte sie ein Herz aus Glas gehabt? Wie im Märchen von der Königstochter mit dem gläsernen Herzen? Oder aus so dünnem Porzellan wie die Teetasse der Oberin? War mein Herz wohl auch aus Glas, und musste ich achtgeben, dass es nicht zersprang?

Danach zeichnete er ein Paar, zwei Tuschzeichnungen so groß wie meine Handfläche. »Und wer ist das?«

»Ach, das sind die Franzosen, die Grafen, von denen weiß man nicht viel – aber weil sie Grafen waren, wurde ihnen der Kopf abgeschlagen.«

Das passte zum Schicksal der bösen Königinnen in den Märchen, und da mir wohl gerade jemand *Alice im Wunderland* vorgelesen hatte, wo die Königin alle naslang »Kopf ab! Kopf ab!« kreischt, musste die Sache nicht erklärt werden und beunruhigte mich nicht.

Sie hatten nicht zum Hofadel gehört, der das Schloss von Versailles bevölkerte und mit dem König auf die Jagd ritt oder mit der Königin aus Wien in ihren künstlichen Hüttchen Schäferspiele veranstaltete. Sie wohnten in ihrem Schloss am Land, lebten wie ihre Standesgenossen, und dann brach in Paris die Revolution aus, die bald blutig wurde und gegen die Monarchen und den ganzen Adel wütete. Auch das Schloss der Grafen wurde gestürmt und in Brand gesteckt. Niemand war vorbereitet, überall Flammen und Schüsse und das Splittern von Holz. Sie rannten um ihr Leben, von einem Zimmer zum anderen, die Treppen hinauf oder hinunter. Die Eltern wurden gefangen genommen und nach Paris gekarrt, die Geschwister, ein Junge und ein Mädchen, vielleicht von der Kinderfrau gescheucht, sprangen aus einem Fenster und landeten glücklich auf einem Heuhaufen. Mein Urgroßonkel schrieb zwar von einem Misthaufen, aber was hatte ein Misthaufen vor einem Schlossfenster zu suchen? Auf jeden Fall gab es einen treuen Gärtner oder Diener, der die Kinder rettete und in einer Fuhre Heu außer Landes ins Königreich Hannover brachte.

Die Eltern aber wurden nach Paris transportiert, in eins der Gefängnisse geworfen, in denen schon Hunderte hausten, auf schnell aufgeschüttetem, unterdes schmutzigem Stroh. Man kann das nachlesen. Es gibt viele Memoiren und Tagebücher derer, die die Schreckensherrschaft überlebten. Alle erwähnen die Frauen, die wie in einem Stall zusammengepfercht waren und trotzdem versuchten, sich reinlich zu halten. Sie saßen kerzengerade in den schimmernden Wogen ihrer seidenen Röcke und verloren auch dann die Haltung nicht, wenn ihr Name für den Transport zum Schafott aufgerufen wurde. Draußen vorm Gitter drängten sich die Leute und starrten die Frauen an, die zum Tode Verurteilten. Sie mussten manchmal tagelang auf ihre Hinrichtung warten, weil der Henker mit der Arbeit nicht nachkam. Die Schneide der Guillotine war so von Blut verklebt, dass er sie immer wieder putzen musste.

Was aus dem geretteten Jungen geworden ist, weiß ich nicht. Das Mädchen hat in Hannover einen Offizier geheiratet und zwei oder drei Kinder bekommen, und kam eines Abends von einem Hofball nach Hause, setzte sich vor ihren Spiegel und bat ihren Mann, ihr den Verschluss des Kolliers zu öffnen. Dabei lehnte sie sich an ihn und sagte: »Mein Gott, was ist das Leben schön!«, bekam einen Herzschlag und war tot, noch keine dreißig Jahre alt.

So hat es mein Urgroßonkel in der Familienchronik aufgeschrieben und ihr Bild als Erstes von vielen Ahnenporträts gemalt. Sie war seine Großmutter, meine Ururgroßmutter. Er wäre auch zu dem niedergebrannten Schloss in Frankreich gereist, aber das war ihm ein zu aufwändiges Unternehmen.

Stattdessen begann er, die Nähe seiner Heimatstadt zu erforschen. Mein Urgroßonkel war nämlich der festen Ansicht, dass der Limes an der Lahn entlang geführt habe. So durchstreifte er immer wieder die Wälder um Nassau herum, einen kräftigen Knotenstock in der Hand, den Strohhut, wenn er sich durch das Laub des Unterholzes arbeitete, mit einer Klemme an einer Lederlasche an einem Knopf seiner Weste befestigt. Er wanderte oft in Gesellschaft des pensionierten Rektors der Schule, der gleich ihm ein Limes-Forscher war und mit ihm berechnete, wie viel Laub seit der Zeit der Römer auf der heimischen Walderde vermodert war und eine wie hohe Humusschicht hätte entstehen lassen können.

Die beiden Männer fanden nichts, außer im Burgberg und um ihn herum steinerne und eiserne Kanonenkugeln aus längst vergessenen Fehden oder Kriegen. Sie hoben die Kugeln auf und horteten sie in irgendeinem Schuppen oder im Katherlieschenturm. Die Nachbarn und die anderen Leute sahen, wie sich die beiden Alten mit den schweren Kugeln abplagten, und es tat ihnen leid, dass sie nichts Römisches entdeckten. So kramten sie in ihren Schuppen und Kellern und schenkten ihnen zum Trost Dinge, die noch nicht vermodert waren.

So kamen so viele Kannen und Kästen und Grapen und Ochsenjoche und Schemel zu den Kanonenkugeln, dass der Herr Lehrer und mein Urgroßonkel im alten Rathaus eine ortsgeschichtliche Sammlung einrichten konnten.

Das größte Stück war ein Pranger mit je einem Paar Hand- und Fußlöchern für Erwachsene und einem kleinen Nebensitz mit Handlöchern für ein Kind. Die beiden Alten stritten, ob die kleinen Löcher wirklich für Kinder und nicht doch für Jünglinge oder zierliche Frauen gedacht waren.

»Hat es denn jemals hierzulande einen Hexenprozess gegen ein Kind gegeben?«

»Oh, ganz sicher!« Und weil ich meistens bei ihnen war, wurde ich zur Probe auf die altersgraue, splittrige Bohle gesetzt, die die Bank darstellte. Mein Urgroßonkel legte mir die Hände in die halbmondförmigen Ausbuchtungen des unteren Schandbalkens und klappte den anderen Balken darauf. Ich war gefangen.

»Kannst du die Hände rausziehen? Nein? Das ist gut! Das beweist …«

»Das beweist gar nichts! Und da sind Ösen, oben und unten. Haben Sie ein Schloss gesehen? Oder eine Art Sperrstift? Nein!«

Sie stritten sich, ob das ein Ding aus Holz oder Metall gewesen war, und sie verließen den Raum, um bei dem anderen Kram zu suchen, und ich gab keinen Mucks von mir. Ich war das Kind, das im Pranger saß. Ich war ein Hexenkind, und keiner stand mir bei. Die Zeit verging. Die Stimmen der Männer verklangen. Ich sah, wie das Sonnenlicht, das durch das Fenster schien, über den Fußboden wanderte und schräg wurde und immer mehr verblasste. Es war totenstill. Und dann war alles Getöse und Aufruhr, und meine Großtante wie ein Racheengel mittendrin. »Wie kann man denn ein Kind vergessen!«

Sie aber hatte mich nicht vergessen. Sie hatte mich gesucht. Sie hatte mich gefunden, und sie roch wie eine ganze Kommode voll Lavendelsäckchen. Sicher hat sie mir zum Trost einen Grießbrei gekocht, und der Urgroßonkel und die Oberin saßen mir gegenüber und schauten mir zu, wie ich den Himbeersaft auf den Grießbrei goss, und ich hatte nur kalte Füße.

Jeder aus der Familie sagte später, er hätte mich nach dem Tod meiner Mutter gern zu sich genommen. Doch die meisten mussten sich in einem so anderen Leben einrichten und konnten gar nicht einschätzen, auf was sie sich eingelassen hätten. Auch die jüngste Schwester meines Vaters, Tante Anne Marie, sagte später: »Ich hätte dich gern zu mir genommen, damit du in der Familie aufgewachsen wärst.«

Aber diese Familie gab es nicht mehr. Sie hatte nach dem Ersten Weltkrieg nicht nur Schlösser und Vermögen verloren, sondern auch das Personal, das für sie gekocht und geputzt und gewirtschaftet hatte. Anne Marie war damals ein behütetes junges Mädchen, das sich wie

selbstverständlich an den gedeckten Tisch setzte und aß, was andere zu-
bereitet hatten, das wusste, wie ein Jagdfrühstück auszurichten war,
aber niemals eins hätte kochen können. Sie und ihre drei Brüder hatten
in dem Flügel des Schlosses gewohnt, der für die Kinder und ihre Bon-
nen und Fräuleins und Hauslehrer bestimmt war. Sie wurden gegen
zehn Uhr morgens, sauber gewaschen und gebürstet, ins Schlafzimmer
der Mutter zum morgendlichen Handkuss geführt und dann gleich wieder ungeduldig hinausgescheucht. »Geht's, geht's und spielt schön!«

Die Buben wurden zu gegebener Zeit ins Internat geschickt, und
das Mädi blieb daheim und bekam eine Erzieherin. Diese hatte ein
Verhältnis mit dem Gärtner oder mit dem Silberdiener, schlug das
Kind und drohte ihm, falls es sie verriet. Wenn der Vater oder die Mut-
ter beim Mittagessen blaue Flecken entdeckten, sagte sie rasch:
»Comtesse sind die Stiege hinuntergefallen«, und das Kind schwieg.
Sagte es einmal etwas, so hieß es: »Unser Mädi ist wieder gescheit!«
Diese liebevolle Grausamkeit ließ sie noch schweigsamer werden.

Sie ging nicht in eine öffentliche Schule, sie hatte Hauslehrer. Sie
hatte keine Freundin. Sie war noch nie mit einem öffentlichen Ver-
kehrsmittel gefahren. Sie hatte nie mit Geld umzugehen gelernt.
Niemandem war in den Sinn gekommen, sie für einen Beruf auszu-
bilden. Sie hätte wie eine Freundin der Familie, Marie v. Ebner-
Eschenbach, Dramen schreiben oder einfach heiraten können und
anderes Personal dafür sorgen lassen können, dass der Betrieb in dem
angeheirateten Schloss so reibungslos ablief wie gewohnt. Das aber
war nun vorbei.

Ihre Mutter, die aus einer venezianischen Familie stammte, hatte
einen Vetter, der in New York mit der Erbin eines Konservenimpe-
riums verheiratet war. Ihm wurde aufgetragen, sich um dieses halbe
Kind zu kümmern, das zwar Französisch und Italienisch, aber kaum
Englisch und auch sonst nichts konnte, mit dem Geld zu verdienen
gewesen wäre.

Der Plan, wie ein Postpaket mit lästigem Inhalt zu einem unbekannten Vetter über den Atlantik in eine unbekannte Welt geschickt zu werden, weckte in Anne Marie keine Angst, sondern, wie sie später sagte, Neugier und eine unbestimmte Hoffnung. Doch die Ehefrau des Vetters, die Konserven-Millionärin, hatte längst entschieden: Wenn die arme Verwandtschaft aus Europa angekrochen käme, solle dieser Bettelei gleich ein Riegel vorgeschoben und am Ersten, der einträfe, ein Exempel statuiert werden. Das war das Mädi, und das hieß: kein Platz für sie. Nur weil Anne Marie so offensichtlich gerade der Kinderstube entwachsen war, verschaffte ihr die Konserven-Cousine einen Job als Empfangsdame bei Elizabeth Arden in der Fifth Avenue. Doch nur eine Austrian Countess zu sein, reichte nicht aus, und die amerikanische Verwandtschaft stiftete ihr großmütig das Rückreiseticket in die Alte Welt.

Anne Marie hatte Glück. Sie wurde Gesellschafterin bei einer alten Fürstin in Wien, bei der sie wie eine Tochter leben konnte, mit einer Art Taschengeld bezahlt und ohne Altersversorgung, aber wer dachte damals, dass auch das Alter ein Schrecken sein konnte. Auf jeden Fall hatte sie es zwar gut, aber auch Pflichten, einen streng geregelten Tageslauf. Sie war nicht frei in ihren Entscheidungen, und das hätte sich nicht mit der Verantwortung für ein Neugeborenes vereinbaren lassen.

Und mein Vater? Er war ein junger einsamer Witwer, noch voller Trauer. Er war in ein Land geraten, das er nicht kannte. Er musste sich in einem Leben zurechtfinden, für das er nicht erzogen worden war. Mein Hamburger Großvater Elli hatte ihm vor der Hochzeit 1926 seine Schulden bezahlt, aber nach dem Tod meiner Mutter wurde ihm nicht nur wieder das Geld knapp, es fehlte ihm vor allem an Rat oder Zuspruch. Er war sicher zu stolz, um sich seinen wohlhabenden neuen Bekannten zu öffnen. Sie luden ihn ein, weil ein österreichischer Graf jede Gesellschaft schmückt, und er spielte noch einmal den Grafen, voll Charme und Eleganz. Für ein Neugeborenes war in seiner Welt kein Platz, und für eine Kinderfrau hätte er kein Geld gehabt.

Einmal kam er zu Besuch. Er lebte mittlerweile in Düsseldorf, hatte eine Anstellung bei einer Firma, die ihm von Freunden meines Hamburger Großvaters vermittelt worden war, aber nicht viel zahlte, weil er sicher nicht das war, was man sich unter einem erfolgreichen kaufmännischen Angestellten vorstellte. Um einigermaßen zurechtzukommen, verkaufte er zuerst das Tafelsilber, das meine Mutter von ihrem Hamburger Stiefvater als Aussteuer, dann den Schmuck, den sie von ihrer Mutter zur Hochzeit bekommen hatte. Er hatte Glück, fand Freunde, die fast so wohlhabend waren wie einst seine Eltern, flirtete mit ihren Frauen und Verlobten, feierte in ihren Villen und Parks, so wie er es gewohnt war, Gesellschaften und Bälle, ließ sich von ihren Kammerdienern bedienen und fuhr natürlich ihre Autos.

Mit einem dieser Freunde und dessen Frau und Freund kam er in einem offenen Wagen angebraust, und auf den Fotos sieht man, was für einen großen Spaß sie sich daraus machten und dass mich alle auf den Arm genommen und geküsst und geherzt hatten. Jemand musste mich in das Auto gesetzt haben, denn ein Foto zeigt mein zum Weinen verzogenes Gesicht, und alle anderen lachen. »Sybilleken mag nicht Autofahren«, schrieb meine Großtante unter das Bild im Fotoalbum.

Ich weinte, weil mir mein Vater fremd war. Ein lachender, lauter Mann zwischen lauter anderen lachenden Fremden, die mich genauso verstörten wie er. Ich weiß nicht, ob ich überhaupt begriff, wer er war, und es blieb auch bei diesem einzigen Besuch in Nassau.

Den Alten um mich herum, Großtante Friederike in Nassau und Großmutter Sophie in Göttingen, war es nur recht, dass ich weinte und dass mein Vater von mir fernblieb. Meine Großtante misstraute ihm nur und nannte ihn leichtsinnig und verantwortungslos. Meine

Großmutter hasste ihn ihr ganzes Leben lang aus ganzem Herzen und war eifersüchtig darauf bedacht, dass ich nur sie liebte und verehrte. Beide wachten, jede auf ihre Weise, argwöhnisch darüber, ob bei mir Eigenschaften meines Vaters ausbrachen wie die Beulen der Schwarzen Pest. Nichts brach aus, und ich lebte ein friedliches Kinderleben. In meiner Erinnerung schien immer die Sonne.

Sechs Überseekoffer
auf dem Dachboden

Als ich fünf oder sechs wurde, entschied meine Großmutter Sophie, dass ich nach Göttingen kommen solle. Dort gab es nicht nur eine Volksschule, sondern auch das Lyzeum, und sie meinte, ich würde dort mehr Freundinnen finden als in Nassau. Außerdem ging es ihr wieder gut, und sie wollte mich bei sich haben. Ich war das einzige Erbe ihrer geliebten Tochter, mit mir sollte die Erinnerung an sie und all die glanzvollen Jahre in Manila fortgesetzt werden.

Sophies Geschichte begann ebenfalls in Nassau, im 19. Jahrhundert, als gerade das Deutsche Reich entstanden war, im väterlichen Pastorat. Sophie, von allen Söphchen genannt, war die jüngere der beiden Schwestern. Sie hatte dicke dunkle Haare, eine zierliche Taille und als Kind den Kopf voller Flausen. Friederike, die Ältere und Stillere, sorgte für den Ausgleich. Sie räumte hinter Sophie auf, führte für sie zu Ende, wozu Sophie keine Lust oder keine Gedanken mehr hatte, sie ließ sich für die kleine Schwester tadeln oder bestrafen. Denn je mehr die Kinder spürten, dass die Ehe der schönen Emilie und des dunkeldüsteren Pastors in der Krise steckte, desto reizbarer und streitsüchtiger wurde Sophie. Die Eltern ließen sich nach langen, schmerzlichen Auseinandersetzungen scheiden. Das war für einen protestantischen Geistlichen ein solcher Skandal, dass es die ganze Stadt in Aufruhr versetzte. Er verlor seine Pfarrstelle, weil ihn die Patronatsherrin, eine alte adlige Dame von strenger Moral, für sittlich verdorben hielt. Die schöne Emilie ging nach Paris, gab französischen Kindern Deutschunterricht. Sie starb bald, wie dann ihr Bruder, mein Urgroßonkel, sagte, »an gebrochenem Herzen«.

Manila: Großvater Carlos und Sophie
mit ihrer Tochter Carmen, 1906 oder 1907.

Friederike, vierzehn Jahre alt, wurde ihrer ernsthaften Tüchtigkeit wegen dazu bestimmt, dem Vater, der sich in Düsseldorf als Lehrer zu etablieren versuchte, den Haushalt zu führen. Das war die Zeit, in der das kleine, dicke rote Buch mit all den nützlichen Lebensregeln entstand.

Ihre Schwester Sophie kam zur Tante Johanna nach Moringen, einer alten Jungfer von großer Strenge und Eigenwilligkeit, Beherrscherin einer Fülle von Haushaltskünsten, die sie Sophiechen so nachdrücklich einbläute, dass auch ich noch davon profitierte. Johanna kochte sich ihre eigene Seife und war eine Meisterin im Kreuzstich.

Nach ihrem Tod wurde die junge Sophie nach Ungarn zu einem Onkel gebracht, einem pensionierten Kavallerie-Offizier, der sich ein Hofgut in der Puszta gekauft hatte. Meine Großmutter behauptete ihr Leben lang, man könne die Sahne auch im heißesten August nur wirklich kühl halten, wenn man einen dieser ungarischen Brunnen besaß und den Sahnekrug in einem Holzeimer in die kühle, feuchte Tiefe senken konnte. Onkel und Tante waren entschlossen, Sophie zu adoptieren, doch Sophie brachte es nicht übers Herz, den beiden zu sagen, dass sie trotz aller Liebe nicht für immer und ewig in der Einsamkeit der Puszta bleiben wollte. So packte sie ihre wenigen Sachen zusammen, stieg nachts aus dem Fenster, wanderte nach Westen, bis sie auf ein Dorf stieß, ließ sich von einem Bauern nach Budapest mitnehmen, verkaufte dort ihren einzigen Schatz, eine Briefmarkensammlung, und erstand dafür eine Fahrkarte nach Frankfurt. Dort ließ sie sich von einem fremden Mitreisenden achtzig Pfennig für die Straßenbahnfahrt zu einem Verwandten geben, der in einer Frankfurter Bank arbeitete.

Das war der nächste Skandal, und nachdem Onkel und Tante in der Puszta beschwichtigt worden waren, wurde das Sophiechen bei mittelentfernten Verwandten in Göttingen untergebracht, die freisinnig und wohlhabend genug waren, um es einem jungen Mädchen

nicht langweilig werden zu lassen. Außerdem liebten sie das Sophiechen in seiner ganzen unberechenbaren Quirligkeit von Herzen.

Dann verliebte sich Sophie zum ersten Mal mit leidenschaftlicher
Heftigkeit. Theo, »Mein Theo«, studierte Jura, und Sophie trug noch
als alte Frau sein im Lauf der Zeit zerknittertes bräunliches Foto bei
sich. Es zeigt einen kräftigen jungen Mann, der auf einem Stuhl neben
einem Tisch sitzt, auf dem ein Bierkrug steht und hinter dem ein mit
gekreuzten Fechtdegen geschmückter persischer Teppich hängt. Der
junge Mann hat einen frischen Schmiss und einen Schnurrbart, dessen Spitzen, der Kaisermode entsprechend, nach oben streben, hält
mit abgewinkelten Ellbogen einen Bierseidel in der Rechten und
blickt starr und selbstbewusst in die Kamera.

»Mein Theo« verlobte sich heimlich mit Sophie, doch als er in
den Semesterferien nach Hause reiste und seinen Eltern von seiner
Verlobung erzählte, fragte der Vater als Erstes:

»Wie viel hat sie?« Und als »Mein Theo« antworten musste:
»Nichts«, sagte der Vater: »Gut. Du kannst sie heiraten, aber dann
kriegst du keinen Pfennig mehr von mir.« So reiste »Mein Theo«
nach Göttingen zurück und sagte Söphchen ebenso knapp, aus
der Sache würde nun leider nichts. Sophie raste vor Wut, und als
sie wieder Luft holen konnte, schwor sie Theo und der ganzen Welt:
»Verschmort auf eurem Geld! Ich brauche es nicht! Ich heirate
den nächsten Millionär, der mir über den Weg läuft.«

Das war mein Großvater Carlos.

Carlos stammte aus einer spanisch-deutschen Familie von Zucker-
rohrplantagenbesitzern in Manila, war ein dunkeläugiger, melan-
cholisch wirkender, schöner junger Mann, den die Eltern auf eine
Grand Tour zu Freunden und Verwandten nach Europa geschickt
hatten, damit er sich in Hamburg eine Ehefrau suchte. Doch er
kam gar nicht so weit. Er machte in Göttingen bei Freunden seines

Vaters Station und lernte dort Sophie auf einem der Studenten-
feste kennen.

So trafen die beiden zusammen, Carlos und Söphchen, und jeder
erfüllte den Plan des anderen: Carlos brauchte eine weiße Ehefrau als
gesellschaftliches Alibi, und Sophie wollte es allen zeigen, wollte
nie wieder arm sein, wollte einen geachteten Platz in einer sicheren
Familie. Sophie und Carlos reisten unverzüglich nach Genua und von
dort wochenlang weiter per Schiff. In Hongkong ließen sie sich vom
Kapitän trauen. In Manila erwartete sie ein Haus zwischen blühenden
Bäumen, nach einheimischer Art aus Holz mit beweglichen Wänden
und auf Stelzen gebaut, so dass es sich bei Erdbeben leise knirschend
mitbewegen konnte. Statt Glas waren hauchdünn geschliffene Mu-
scheln in das Holzwerk der Fenster eingesetzt. Das Küchenhaus stand
in angemessener Entfernung, damit es, ohne das Haupthaus anzu-
stecken, abbrennen konnte, falls ein Beben die ganze Küche um-
stürzen ließ oder durch eine Unachtsamkeit Glut aus dem Herd mit
seinem offenen Feuer fiel.

Ringsum Wiesen, auf der einen Seite der Fluss, auf der anderen
Remisen, Ställe und Koppeln für die Pferde. Carlos besaß auch ein
Auto, das wie eine Kutsche ohne Gespann aussah und für dessen Be-
nutzung man sich mit Staubschleiern und Zellophanbrillen wie für
eine Mondfahrt kleidete. Die Einheimischen, die ihnen als Kammerzofe und Kutscher, Gärtner, Koch und Waschfrauen dienten, nannten
sie Eingeborene, *natives,* und fragten sie nicht nach ihrem Namen.
Sophie klatschte in die Hände und rief: »Una!« und dann kam eine
angelaufen und tat, was Sophie ihr befahl.

Carmen, Sophies Tochter, die im dritten Jahr der Ehe geboren
wurde, aber sprach ihre Sprache, saß in ihrem spitzenbesetzten Voile-
kleidchen auf den Stufen des Küchenhauses und fütterte die weiße
Schlange, die unter dem Haus wohnte. Oder sie hockte mit den Unas
hinten am Fluss im Gras, um ein kleines Feuer herum, und wartete,

bis die Heuschrecken in der Pfanne nicht mehr gegen den Deckel knallten. Das bedeutete, dass sie gar und knusprig waren.

Sophie genoss das Leben mit der entzückenden kleinen Tochter Carmen, mit Gesellschaften, Picknicks in den Bergen, Bootsfahrten zu den zahllosen Inseln, Tennis morgens um fünf, wenn es noch kühl war, müßige Mittagsstunden in der Hängematte auf den Veranden, im Schatten und in der leisen Brise vom Fluss, Drinks in den europäischen Clubs nach Sonnenuntergang, große Diners in den alten spanischen Häusern mit ihren dunklen, kunstvoll gekachelten, kühlen Fußböden, die Herren im Abendanzug, die Damen funkelnd vor Diamanten. Sophie liebte ihre kleine Tochter, sie liebte all die jungen Männer in weißen Flanellhosen und Kreissägen, die ihr zu Füßen lagen, und ich hoffe, dass sie auch Carlos zumindest am Anfang ihrer zehn Jahre währenden Ehe geliebt hat.

Später in Göttingen sagte sie bei jeder Gelegenheit: »Zu Fuß würd' ich dorthin zurückgehen …«, aber damals war sie fortgegangen, kurz vor dem Ersten Weltkrieg, mit ihrer Tochter Carmen und etwa einem halben Dutzend Kabinenkoffern. Sie wollte ihre Familie besuchen, ihre Tochter vorstellen, wollte neue Kleider nach der neuesten Mode kaufen, zum Arzt und zum Zahnarzt – so wie die Ehefrauen, die in die Tropen geheiratet hatten, alle paar Jahre heimreisten und mit noch mehr Rohrplattenkoffern zurückkehrten.

Doch dann brach der Erste Weltkrieg aus, und Sophie hörte nichts mehr von ihrem Ehemann. Kein Brief, kein Geld. Sie hatte bei Freunden und Verwandten zu Besuch gewohnt, aber der Krieg änderte vieles. Sie war zudem stolz. Sie wollte keine Bettlerin sein. Sie verkaufte zuerst ihren Schmuck, dann arbeitete sie in einem Modegeschäft in Frankfurt, denn sie besaß ein großes Talent: Sie konnte nähen. Sie nähte später Zelte für unsere Spiele und alle unsere Kleider, Gardinen und Sesselbezüge, Puppenkleider und Puppenbettwäsche. Gegen Ende des Krieges lebte sie mit ihrer Tochter bei

Verwandten in Hamburg und kümmerte sich um den Neffen ihrer Hauswirtin, einen jungen Kavallerie-Offizier, der eine Verwundung ausheilte.

Ich habe als Studentin in demselben weißen Biedermeierhaus gewohnt und bin tagtäglich die Treppe hinauf- und hinuntergelaufen, auf der sich damals die Mutter dieses jungen Offiziers umgedreht und Sophie gefragt hat: »Würden Sie wohl meinen Elli heiraten?«

Sophie antwortete: »Ja gern, aber ich bin doch noch verheiratet!«

Ach, das ließe sich ja leicht korrigieren, schließlich habe sich Carlos jahrelang weder um Frau noch um Tochter gekümmert. Das würde wohl jeder Scheidungsrichter berücksichtigen. So wurde eine Scheidung verlangt und ausgesprochen, und der letzte Satz des Urteils lautete: Falls diesem nicht innerhalb von acht Wochen widersprochen würde, sei die Scheidung rechtsgültig. Eine Kopie kam in einen Briefumschlag und wurde einem deutschen U-Boot mitgegeben. Jemand von der Besatzung sollte den Brief im nächsten neutralen Hafen in einen Briefkasten stecken. Als mir die Geschichte erzählt wurde, blieb das Problem der Briefmarke unerwähnt, aber mein Großvater, der junge Kavallerie-Offizier von damals, sagte immer: »Den Brief haben sie sicher schon vor Cuxhaven in die Elbe geworfen.«

Er erzählte diese Geschichte gern, denn er liebte das Söphchen, wie auch er sie nannte, von Herzen. Sie aber hatte vor allem wieder einen sicheren Ort gesucht, für sich und für ihre Tochter. Und sie wollte geliebt, angebetet und bewundert werden. »In einer guten Ehe«, sagte sie einmal, »muss der Mann die Frau mehr lieben als sie ihn.« So lebten die beiden in einer guten Ehe, sie bekam wieder Diamanten und Silber und Federhüte, sie gebar einen Sohn, und ihr neuer Mann nahm ihre Tochter Carmen wie seine eigene an.

Und Carlos? Sophie hatte ein brokatgebundenes Buch mit Hunderten von Fotografien aus Manila mit nach Deutschland gebracht. Nun, in Hamburg, schnitt sie Carlos mit einer Nagelschere von allen

Fotos ab. Er blieb nur, fast ein Schatten, auf Gruppenbildern zu sehen. Meine Großtante Friederike besaß als Einzige einen Abzug des Bildes, auf dem Carlos und Sophie in weißer Tropenkleidung mit einem einjährigen Püppchen von einem Kind zwischen Palmen für die Familie daheim posiert hatten: Carlos mit einer gewissen Distanz zu seiner zierlichen dunkelhaarigen Frau, die das Kind auf dem Schoß hält.

Sophie erzählte viel von Manila, aber nie von Carlos. Manila wohnte in den sechs Überseekoffern, die auf dem Dachboden standen, Manila lebte in allem, was mit meiner Mutter zusammenhing, lebte in den chinesischen Lackkästen, in einem so großen Ebenholzelefanten, dass ein Kind darauf sitzen konnte, lebte in Fächern aus Spitze und Federn, in Spanischen Wänden und Geschichten von heiteren jungen Menschen, von Tagen voller Sonne und sanften, blütenduftenden Nächten voller Geckos und Glühwürmchen und fliegenden Hunden.

Ich kannte Manila genau. Ich kannte die spanischen und amerikanischen Verwandten, die Pferde und Hunde, die Unas und die *natives* von den vielen bräunlichen Fotos. Meinen Großvater Carlos kannte ich nicht. Ich konnte ihn nicht kennen, weil keiner von ihm sprach. Mein einziger und wirklicher Großvater war mein Stiefgroßvater, der Mann, den Sophie in zweiter Ehe geheiratet hatte. Ich hatte keinen anderen, und ich hätte keinen besseren bekommen können.

Dieser Großvater wurde Elli genannt, stammte aus Hamburg, aus einer Familie von Patriziern, Konsuln und Kaufleuten. Sein Vater besaß eine Weinhandlung in Bordeaux und ein Gut in Mecklenburg. Sie wohnten an einem Fleet in einem dieser hochgebauten Häuser, die in der Beletage die Familie, unterm Dach die Lehrlinge und am Wasser die Warenlager und Kontore enthielten. Die Säcke und Kisten mit den Waren wurden von den in der Elbe ankernden Segelschiffen mit flachen Booten in die Fleete gerudert. Ellis Großvater aß um sechs Uhr

seine Buchweizengrütze und gab den Enkelkindern, Elli und seinem
Bruder Theo, einen Löffel voll ab, wenn sie bei ihm waren. Elli wäre
vielleicht gern dort aufgewachsen, doch er kam mit sechs Jahren in die
Kadettenschule nach Plön, wo auch den Söhnen des Kaisers »die
Hammelbeine lang gezogen wurden«, wie Elli das nannte.

Unterdessen baute der Vater eine Villa draußen vor den Stadt-
toren am Harvestehuder Weg. Die Familien zogen im Frühjahr mit
Sack und Pack und Dienerschaft aus der Stadt hinaus, um fern von
Seuchen wie Cholera und anderen Krankheiten zu sein, die immer
im Sommer in der Stadt auszubrechen drohten. Jenseits des Harvestehuder Wegs erstreckte sich das sumpfige Vorland bis zur Alster.
Die Familie eines Vetters, die ein paar Häuser entfernt wohnte, hatte
dort einen englischen Tennisrasen anlegen lassen. Es gab Ruderboote
und Angelplätze, und manchmal stakte eine Fähre ans andere Ufer.
Die Köchin kaufte den ganzen Sommer lang Gemüse und Obst
in den umliegenden Dörfern und kochte Kompott und Marmelade, salzte Bohnen und Kohl ein und trocknete Äpfel und Pflaumen.
Mit diesem Vorrat zog die Familie im Herbst wieder in die Stadt
zurück.

Elli genoss sicher die Sommerferien, denn die Erziehung in Plön
war streng. Er wurde Kavallerie-Offizier, besaß eigene Pferde, ritt
Rennen, und ein paar von seinen Silberpreisen, Tabletts oder Kerzen-
halter, sind noch heute in Gebrauch. Es war ein kostspieliges Leben:
Er wurde Gardeoffizier in Berlin, er spielte, er verlor beträchtliche
Summen, die er sich ohne viel Nachdenken vom Großvater geben
ließ, er wechselte im Lauf seiner militärischen Laufbahn von Standort
zu Standort, hatte eine Geliebte, eine Soubrette aus Wien, der er so
gut nachzureisen versuchte, wie es ihm möglich war.

Als ich bei ihm und Söphchen lebte, fragte er manchmal: »Wollen
wir jeuen?« Dann holte er den perlmutteingelegten Mahagonikasten,
in dem in kleinen Abteilungen Jetons aus Elfenbein lagen, jeder mit

einer Zahl bezeichnet, die seinen Spielwert angab: Die runden waren die Fünfer, die ovalen die Zehner und die rechteckigen Zwanziger und Fünfziger. Wir spielten nach den wilden Regeln der Offizierskasinos vor dem Ersten Weltkrieg. Wir konnten nicht um Geld spielen, weil ich keins hatte, aber wenn mein Großvater eine Gewinnsträhne hatte, bekam er rote Backen, und danach sagte er eindringlich: »Solltest du jemals wirklich jeuen, dann sieh zu, dass du die Bank hältst. Die Bank gewinnt immer.«

Sein jüngerer Bruder Theo wurde Marineoffizier, weil dem Vater eine zweite Kavallerie-Ausbildung zu teuer war. Er segelte als Korvettenkapitän in Fernost, dort, wo der deutsche Kaiser begonnen hatte, Kolonien zusammenzukaufen, lebte nach 1918 als a. D. in Homburg, heiratete eine Amerikanerin, die mich als Kind bei Familienbesuchen immer wieder entzückte. Sie hatte sich von Anfang an geweigert, sich mit den Substantiven und den vier Fällen herumzuschlagen und blieb bei dem praktischen *the*: »Gib mir bitte *the* Taschentuch. Ist *the* Tee schon fertig? Hast du dir *the* Hände gewaschen?«

Nach dem Ersten Weltkrieg gab es kein Heer, keine deutsche Kavallerie und keine deutsche Kriegsmarine mehr, und die beiden Brüder verloren wie Tausende anderer junger Offiziere ihre Arbeit. Alle hatten als Lebensversicherung eine stattliche Summe als Kaution eingezahlt, in Goldmark, als die Münze noch tatsächlich aus Gold bestand, doch das Geld war durch Krieg und Inflation genauso verloren wie das aller anderen. Sie lebten nun von dem, was ihnen als staatliche Rente zustand.

Es traf alle gleichermaßen, und weil jeder wusste, wie es um den anderen stand, musste gar nicht darüber gesprochen werden. Sie richteten sich ein, jeder so gut es ging. Diejenigen, die noch Häuser und Jagden besaßen, luden die Freunde oder die ehemaligen Regimentskameraden genauso ein wie früher oder gaben ein Diner mit Damast und Silber, aber mit den Kartoffeln vom eigenen Acker, serviert von dem alten Diener, den alle Gäste manchmal seit ihrer Kindheit kannten und dem genauso wie der Nanny niemals gekündigt wurde. Er wohnte bis zu seinem Tod im Haus, half manchmal beim Silberputzen oder Bohnenfädeln nach Kräften und erzählte von früher.

Neben dem Klingelknopf des Hauses in Göttingen, in dem mein Großvater mit Sophie nun wohnte, stand hinter seinem Namen Major a. D., und die Leute nannten ihn Herr Major und meine Großmutter Sophie manchmal Frau Major. Bei ihnen wohnte ich nun. Mein Kinderbett stand hinter einer Spanischen Wand im Schlafzimmer meiner Großeltern, und wenn ich krank war, wurden die gestickten Vögel und Tiger und Päonien und Drachen der brüchigen Seidenbespannung lebendig und tobten durch die Fieberträume.

Alles in der Wohnung war zu groß. Dem Schrank im Wohnzimmer, der früher in der Eingangshalle der Harvestehuder Villa gestanden hatte, war vom Tischler die Krone abgesägt worden, damit das Möbelungetüm in die Stube passte. Den Teppich, der aus einem der Salons stammte, schnitt meine Großmutter mit ihrer Schneiderschere so zurecht, dass er ins Zimmer passte, von Wand zu Wand ein weicher bunter Flor. War er an einer Stelle abgenutzt oder eingerissen, so kam der Teppichflicker mit seiner halbmondförmigen Stopfnadel und reparierte alles an Ort und Stelle.

Mitten im Wohnzimmer stand ein runder Mahagonitisch auf Löwenklauen, zwischen denen Streben gespannt waren, so breit, dass man sie als Tisch für die Puppen benutzen konnte, und wenn die Großmutter den Seidenteppich als Decke auf den Tisch legte, so dass er von allen Seiten herunterhing, entstand ein Zelt. Musste das geräumt werden, weil oben auf dem Tisch zum Essen gedeckt wurde, mit Wappentellern oder großen chinesischen Schalen aus Manila, so zog die Puppengesellschaft zwischen die Portieren, deren Säume umgeschlagen waren, weil sie an höheren Türen gehangen hatten, und deren rote Damastseide brüchig war, weil sie nun in der dritten Generation benutzt wurden.

Und überall Bilder. Dicht an dicht an den Wänden des Großvater-Zimmers die Porträts von düsteren Damen und Herren mit Halskrausen, manchmal mit einem Buch im Arm, manchmal in Uniform mit Orden wie Schmuckstücken am Hals und an der Brust. Sie schauten einen unablässig an. Schauten zu, wie wir am runden Tisch Karten spielten, wie ich Schularbeiten machte, wie mein Großvater, zugedeckt mit seiner grünen Häkeldecke, seinen Mittagsschlaf hielt, wie mir unterdessen meine Großmutter so leise, dass es ihn nicht störte, aus *Heidi* vorlas.

Im Salon der Großmutter hingen die Bilder von schönen Frauen mit nackten Schultern und Rosenblüten im aufgetürmten Haar. Eine, eine bleiche Ältere, war auf der Terrasse vor einem See gemalt worden, an dessen Ufer Fabrikanlagen zu sehen waren, winzig und in der Ferne, seltsam unangemessen. Der Rauch der Schlote hatte gewiss eine Beziehung zu den vielfachen rauchweißen Perlenschnüren um ihren Hals. »Sie hat nach Amerika geheiratet«, sagte meine Großmutter, aber nicht, wer sie wirklich war, zu wem sie gehörte. Später, als ich den Bücherschrank meiner Großeltern benutzen durfte, entdeckte ich auf dem Vorsatzpapier englischer Romane ihren kräftigen, selbstsicheren Namenszug, und mein Großvater sagte: »Der Sohn ist wieder nach Hamburg zurückgekommen. Das war mein Großvater.«

Hamburg wurde in diesen fast zehn Schuljahren, die vor mir lagen, ein Wort für das Unübertreffliche. Es musste gar nicht darüber gesprochen werden, brauchte keine Erklärung. Es war immer gegenwärtig wie eine kühle, weltläufige Eleganz. »Was soll ich decken, wenn deine Kränzchenschwestern kommen?« »Nimm das Hamburger Teegeschirr.« »Was ist das für ein Kleid?« Knisternder Taft, changierend in Blau und Grün, Seejungfrauen-Gewand. »Ach, in Hamburg hat man sich zum Abendessen immer umgezogen.«

Dieses »Hamburg« lag nicht mehr an einem der Fleete, wo das Kontorhaus der Familie stand. Hamburg war die Villa am Harvestehuder Weg, ein Haus so weiß wie die Sommerhäuser in Italien und so groß, dass es den ganzen Sommer über Familie und Hauspersonal, Pferde und Wagen, Gäste und Verwandte beherbergen konnte. Einer Nachbarin hatte ihr Mann einen eigenen Ballsaal an die Villa angebaut. Andere führten bei ihr oder in ihren eigenen Festräumen selbstgeschriebene Theaterstücke auf.

Der Harvestehuder Weg war damals nichts als ein sandiger Reitweg. Morgens fuhren dort um sechs die Kutschen vor, um die Herren ins Kontor in der Stadt zu fahren, und auf dem sumpfigen Schwemmland zwischen dem Sandweg und der Alster wucherte ein grüner Dschungel aus Reet und Gebüsch, manchmal niedergemäht für einen Platz mit Tisch und Gartenstühlen, der in jedem Frühjahr wieder Wildnis war.

In diesem längst vergangenen und immer gegenwärtigen Hamburg gab es die Köksch, das Stubenmädchen, das Kleinmädchen, die Kutscher und den Silberdiener. In Hamburg schüttelte die Zofe den Mantel aus wolkenweichem Maulwurfsfell aus, »Meinen Theatermantel«, damit er sich schön aufplusterte. »Ich hatte ganz vergessen, dass ich ihn in der Campherkiste aufgehoben habe! Jetzt näh ich dir daraus ein Winterfutter für deinen Schulmantel!«

Die Campherkisten dufteten sinnverwirrend stark und heftig und galten als mottensicher. Sie standen vereint mit den Überseekoffern auf dem unteren Dachboden, und als ich nach Göttingen kam, hatte meine Großmutter schon wieder in diesen Koffern gekramt und die Kleider herausgeholt, die meine Mutter als Schulkind getragen hatte. Das war vor und im Ersten Weltkrieg, und die Baumwollstoffe trugen ein Jugendstilmuster. Der Gürtel der Hängerkittel saß auf der Hüfte, und manchmal tanzte darunter ein Faltenrock.

Mit diesen Kleidern begann der Versuch der Verwandlung. Die Tochter war ihr gestorben, doch die Tochter hatte ihr wiederum eine Tochter hinterlassen, und dieses Kind sollte die Verlorene ersetzen.

Mit diesen Kleidern begannen die Sätze, die nicht aufhörten: »Deine Mutter hat in diesem Kleid aber anders ausgesehen! Halt dich gerade!« Und wenn ich in einem »dieser Kleider« vom Spielen mit den Nachbarskindern heimkam: »Deine Mutter hat sich nie so schmutzig gemacht!« Und wenn diese Kleider mit mir auf die Bäume geklettert waren und nachgegeben oder wegen des Alters nicht mehr so viele Wäschen im Kochkessel ausgehalten hatten: »Deine Mutter hat diese Sachen jahrelang getragen, und du schaffst es, dass sie gleich kaputtgehen!«

Einmal nähte sie mir aus einem ihrer vielen Kimonos ein Sommerkleid. Der Baumwollkrepp war mit Flamingos bedruckt, die sich mit fächerwedelnden japanischen Damen zwischen Bambusstauden tummelten. In diesem Kleid musste ich in die Schule gehen, wo die anderen Kinder Bleyle-Röcke oder schon eine Berchtesgadener Jacke trugen, die zur sogenannten BDM-Kluft gehörte. Sie hatten mich verspottet, und ich war heulend heimgelaufen, aber meine Großmutter sagte: »Stell dich nicht an, das Kleid ist ganz in Ordnung. Deine Mutter hätte die anderen Kinder nur ausgelacht!«

Am Nachmittag lief ich wie immer zum Spielen zu meiner Freundin, immer noch im Flamingokleid und verheult, und als deren Kinderfrau erfuhr, was geschehen war, zog sie mir einen Spielkittel meiner Freundin an und steckte mein Flamingokleid in den Waschkessel. Als sie es nach einer Stunde Schaum und Kochen in der Seifenlauge herauszog, waren Flamingos, Fächer und schöne Damen verschwunden. Die Kinderfrau ging mit mir zu meiner Großmutter und entschuldigte sich tausendmal. Wir hätten im Sandkasten gespielt, und das Kleid – und sie hätte ja nicht ahnen können – und sie hätte Frau Major keine Mühe machen wollen und hätte es mit den anderen Spielkleidern gleich selber schnell gewaschen. Am Abend sagte meine Großmutter trotzdem: »Deine Mutter hätte nie …«

Und immer aufs Neue: »Deine Mutter hatte so schöne weiche Locken!« Also wickelte sie mir die störrischen glatten Haare über Nacht auf lederne Papilloten. Und immer wieder: »Deine Mutter war so zärtlich und anschmiegsam. Deine Mutter hat mir immer alles erzählt. Deine Mutter hätte alles für mich getan, aber du …«

Ich begriff nicht, was das »alles« bedeutete, aber es quälte mich auf unbestimmte Art und Weise, denn sie war meine Großmutter, und wenn sie mich voll Verlangen fragte: »Hast du mich auch lieb?«, so antwortete ich: »Ja, ich hab dich lieb!«, aber ich wich aus. Das war nicht schwer, denn damals war die Kinderwelt noch getrennt von der der Erwachsenen, die Fremde zu sein schienen: unberechenbar und unter anderen Sternen lebend.

Stattdessen konnte meine Großmutter zaubern. Wenn sie die Schublade ihrer Mahagonikommode aufzog und das Portemonnaie herausholte, war immer Geld darin. Wenn ich mir einen Grießpudding als Nachtisch wünschte, stand er schon im Fliegenschrank. Sie verzauberte auch andere. Ein Blick von ihr, und die Leute lächelten und taten, was sie wollte. Sie stand nie am Ende einer Schlange, ob an der Kinokasse oder im Krieg vorm Bäckerladen. Sie musste nur ein bisschen seufzen und beängstigende Laute von sich geben, schon drehten sich die Leute um und riefen: »Lass doch die arme alte Frau vor – sie fällt uns ja sonst gleich um!«

Auch die Natur war ihr untertan. Sie verfügte über zwei grüne Daumen, steckte den Pfirsichkern zwischen die Geranien im Balkonkasten, von Pflaumen-, Zitronen- oder Mandelkernen ganz zu schweigen, und schon drängte sich ein Pfirsichbäumchen zwischen den dicken roten Geranienblüten ans Licht, das sie dann Nachbarn brachte und zufrieden zuschaute, wie es eingesetzt oder auf einen anderen Obstbaum gepfropft wurde. Ein, zwei Jahre später bekamen wir die Früchte dieses Wunderreises, und mein Großvater bereitete aus ihnen einen Kullerpfirsich zu.

Sie konnte elektrische Leitungen reparieren und Bettlaken flicken. Sie konnte aus Wollresten Jacken stricken und den besten Zwetschgenkuchen der Welt backen. Sie konnte Öfen heizen und Bridge spielen, und als es im Sommer 1945 nur Steckrüben und Kartoffeln gab, kochte sie Steckrüben und Kartoffeln mit dem Rest Vorkriegs-Curry und servierte sie auf den alten schönen chinesischen Tellern. Sie konnte alles und wurde gern dafür bewundert. »Was unser Söphchen alles macht!« riefen ihre Freundinnen, und sie antwortete: »Ach, das ist doch nicht der Rede wert!«, aber sie strahlte.

Einmal geschah etwas wie ein Blitz. Sie schoss einer Furie gleich in das Wohnzimmer. Sie trug immer schwarze seidene Plisseeröcke und dazugehörige schwarze seidene Plisseeunterröcke und hatte einen ihrer schwarzen seidenen Plisseeunterröcke in der Hand. Sie warf ihn quer durchs Zimmer und schrie: »Ich bin nichts als die Haushälterin! Kochen und Waschen und Flicken! Und was hast du mir einmal für ein Leben versprochen!«

Ich stand neben meinem Großvater. Er sagte kein Wort. Er griff nur nach meiner Hand und hielt sie ganz fest. Sie schrie weiter, aber irgendwann warf sie sich auf die Knie und zog den Unterrock wieder unter dem großen Schrank mit der abgesägten Krone hervor.

Mein Großvater sagte: »Also …«, und dann verstummte er. Danach war alles wie vorher, und mein Großvater schrieb eins seiner Liebesgedichte für sie.

Es gab nur wenige Prinzipien: Pünktlichkeit (»Punkt sieben wird zu Abend gegessen!«) und Ehrlichkeit (Mein Großvater hätte sich eher umbringen lassen, ehe er eine Lüge aussprach). Meine Großmutter mogelte zwar mal gern, bei der Patience und beim Bridge, aber als Lüge galt ihr nur das Wort, das anderen schadete, und sie war mit meinem Großvater darin einig, dass der Mensch stets an die Folgen seiner Taten denken und auch dafür einstehen muss. Ausflüchte waren inakzeptabel. Schließlich: Fleiß. Um die Schule und Schularbeiten kümmerte sich keiner. »Du hast was im Kopf. Es ist deine Pflicht, diese Gabe nicht zu vergeuden …«

1933 kam ich in Göttingen in die Schule. Ich weiß nicht mehr, ob wir im Frühling oder im Herbst ABC-Schützen wurden. Ich habe erst Jahrzehnte später gelesen, dass auf dem Platz vor meiner Volksschule die Bücherverbrennung stattgefunden hat, angeblich eine der größten im gerade gegründeten Dritten Reich. Wir haben keine Brandstellen gesehen, keine Asche, die uns vielleicht hätten fragen lassen. Wir gingen jeden Tag am Aushang der Hetzzeitschrift *Der Stürmer* vorbei. Wir konnten noch keine langen Wörter lesen, auch noch nicht die Frakturschrift, aber wir lachten über die Karikaturen von Juden, schauten unsere Klassenkameradin an, die unsere Lehrerin als Jüdin bezeichnet hatte, stellten fest, dass sie ganz anders als diese buckligen, krummnasigen Männer aussah, nämlich geradnasig und blond und die zweitgrößte der Klasse war. Damit war für uns die Sache abgetan. Was da im Kasten hing, war erfundene Erwachsenensache und ging uns nichts an. Wir wussten nicht, dass es gelogen war und dass es uns bald auch angehen würde.

Schon bevor ich in die Schule kam, kannte ich fast alle Buchstaben, und ich schrieb mit der linken Hand Großbuchstaben von rechts nach links in Spiegelschrift, wie es die Erwachsenen nannten. Die meisten lachten und wunderten sich, dass ich die Buchstaben und ihre Anordnung, die sie als richtig bezeichneten, ebenso gut erkennen und lesen konnte wie meine eigene Schrift. Aber die Lehrerin in der Volksschule kniff den Mund missbilligend zusammen, und ich durfte keinen Griffel, keinen Bleistift mehr in meine gewohnte linke Hand nehmen. Das sei undeutsch, das gehöre sich nicht, das sei verboten. Also bekam ich in Schönschreiben die schlechteste Note und für immer und ewig eine miserable Handschrift.

Und ich begann zu stottern. Am meisten kämpfte ich mit dem Buchstaben K. Ich musste mittags das Tischgebet sprechen. Das erste Wort lautete: »Komm … «. Ich lief kurz vorm Essen im Wohnzimmer hin und her und übte: »Komm Herr Jesus, komm, k, k, komm«, und schließlich konnte ich das K. Dann brauchte nur jemand ganz zufällig an mir vorbeizulaufen und vor sich hin zu murmeln: »K, k, k … «

Aus. Tränen. »Nun reiß dich mal zusammen!«

Ich riss mich nicht zusammen. Ich gewöhnte mich. Ich gewöhnte mich an alles, was für ein Kind ohnehin unabänderlich ist. Ich hatte kein Kinderzimmer. Ich durfte die Schularbeiten am Schreibtisch meines Großvaters machen, meine Spielsachen in ein Fach daneben und meine Puppen in eine Ecke im Schlafzimmer einräumen. Das reichte, denn ich lief jeden Tag nach den Hausaufgaben zu Nachbarskindern.

Jenseits der Gärten hinter den Häusern lagen Felder, von Zwetschgenbäumen gesäumt und vom Hainberg begrenzt. Im Frühling sahen wir den Osterhasen über die Felder hoppeln und pflückten Leberblümchen und Schlüsselblumen im Wald, im Herbst bauten wir Laubburgen, im Winter fuhren wir mit den hölzernen, meist schon mit Blech geflickten und von älteren Geschwistern geerbten Skiern die Hänge in den Schluchten hinunter. In einem Winter sah ich zum ersten Mal den Engel.

»Deine Mutter ist im Himmel«, sagte meine Großmutter immer wieder, »sie passt auf dich auf, Tag und Nacht.« Ein Engel also unter Engeln. Einmal schon hatte ich sie in einem Blitz zu sehen gemeint. Er riss den Himmel so weit und weiß und blendend auf, dass ich ihre Hand sehen konnte. Sie winkte mir zu, und ich wusste, dass meine Großmutter recht hatte.

Und dann, im Advent, sagte sie, dass ich ein Geschenk draußen auf das zugeschneite Fensterbrett legen solle, denn um diese Zeit gingen die Engel Gottes durch das Land. Ich weiß nicht mehr, was ich gebastelt habe – ein geflochtenes Papierherz oder etwas Geknetetes. Ich weiß jedoch, wie ich im Dämmer am Fenster kauerte und in den Schneesturm hinausschaute. Die Tannen im Vorgarten schwankten in den Wolken aus Nebel und Schnee, und von oben, aus dem Himmel, den die Nacht zu verschlingen begann, stürzte der Engel in einem Wirbel aus Weiß und Weiß, und ich hörte das Rauschen seiner Flügel, sah das wilde Gekräusel seines Gewandes, und die Zeit blieb stehen. Es gab nur den Engel und mich.

Am nächsten Morgen weckte mich das helle Licht aus Sonne und frisch gefallenem Schnee, und auf dem Fenstersims lag ein Stern aus Glas. Ich wusste, woher, aber ich erzählte keinem Menschen davon. Seitdem wusste ich, wie Engel fliegen.

Meine Großmutter gehörte zu einem Kränzchen. Es bestand aus vier oder fünf alten Witwen, die sich gegenseitig einmal in der Woche zu einem Nachmittagskaffee einluden. In den Kriegsjahren übertrafen sie einander mit Kuchen ohne Eier oder Keksen ohne Fett, verpackten die Keksreste in Feldpostpäckchen für Enkel oder Neffen, und die einmal aufgegossenen Teeblätter wurden entweder getrocknet oder gleich ein zweites Mal aufgebrüht. War das mit Blumen und Rokokodamen und Hunden und Katzen bemalte KPM-Geschirr wieder abgeräumt, so kramten die alten Frauen ihr Strick- oder Stickzeug heraus und schwatzten.

Einmal war die letzte Enkelin eines berühmten Bürgermeisters eingeladen, unterdessen auch eine alte Frau. Sie schrieb gerade Geschichten aus ihrer Kindheit auf: Wie sie mit der Familie per Pferd und Wagen von Göttingen noch Moringen gefahren war, wie sie dort den Hefekuchen vom Bäcker geholt und in der Gruft unter der Kirche Versteck gespielt hatte.

»Ach«, rief eine der Kränzchentanten, nachdem sie dies und jenes vorgelesen hatte, »das muss aber illustriert werden!«

»Du hast doch immer im Zeichnen eine Eins!« sagte eine andere und schaute mich an.

So erhielt ich die gesammelten Erzählungen, und ich zeichnete drauflos mit Skriptol und Redisfeder. Es gab eine Geschichte, die es mir besonders angetan hatte: »Wenn wir in der Gruft spielten, versteckten wir uns am liebsten hinter dem steinernen Grab der Ritter von Schlepegrell, einem alten, ausgestorbenen uradligen niedersächsischen Geschlecht.«

Ich zeichnete einen gotischen Spitzbogen, Spinnweben, einen Sarg mit dem darauf ruhenden steinernen Ritter, Schraffuren über Schraffuren ringsherum, damit der Ort so gruselig aussah, wie er dem kleinen Mädchen einst vorgekommen sein mochte. Die Zeichnungen gefielen des Bürgermeisters Enkelin, aber ihre Erzählungen wurden nie gedruckt, und ich vergaß Moringen und seine Kirche und das seit Jahrhunderten ausgestorbene Geschlecht.

Inzwischen hatte mein Vater zum zweiten Mal geheiratet. Er war immer noch ein Fremder für mich, der irgendwo in der großen weiten Welt lebte. Aber als ich in die Schule kam und sah, was den anderen Kindern ihre Väter bedeuteten, begann ich, mir ein Bild von ihm zu entwerfen. Zu den Erziehungsinstrumenten meiner Großmutter Sophie gehörte der Satz: »Wenn du dich nicht benimmst, schicken wir dich zu deinem Vater!« Diese Drohung wurde aber, je mehr ich mein Vaterbild strahlen ließ, zu einer Verheißung. Statt meinen Vater und das Leben mit ihm zu fürchten, umgab ich ihn trotzig mit immer neuem Glanz.

Jeden Abend ein UFA-Fest

Mein Vater lebte nun in Berlin und hatte sich bei der UFA vorgestellt. Dort war er offenbar misstrauisch gemustert worden, ein österreichischer Graf ohne passende Berufserfahrung? Also wurde er zur Probe als Platzanweiser in eins der Kinos in einer der Gegenden Berlins geschickt, wo die Schlägereien der Nationalsozialisten mit Sozialdemokraten und Kommunisten Alltag waren. Vor dem Hauptfilm lief die Wochenschau, und wenn die Kinobesucher der einen Partei sahen, wie Saalschlachten oder Propagandareden oder Ähnliches gezeigt wurden, rissen sie sich den Klappstuhl unterm Hintern hervor und verdroschen die Kinobesucher der Gegenpartei. Das sollte der Platzanweiser verhindern, weil der Ersatz der zerschlagenen Stühle allmählich zu teuer wurde.

So sprang mein Vater, korrekt gekleidet auch als Platzanweiser, auf die Bühne, warf die Arme in die Höhe, dass die goldenen Manschettenknöpfe geblitzt haben müssen, und rief mit seiner gepflegten österreichischen Stimme in den Lärm: »Aber meine Herren – meine Herren! Ich bitte Sie, die Stühle wieder auf den Boden zu stellen! Wenn Sie sie zerschmettern, bin ich es, der für den Schaden aufkommen muss!

Vor lauter Verblüffung ließ einer nach dem anderen die Stühle sinken, und sie waren gerettet. Mein Vater konnte die restlichen Probestationen überspringen und bekam die Leitung des neuen UFA-Palastes am Kurfürstendamm anvertraut.

Die nächste Station war Babelsberg. Als ich in Berlin in die Schule kam, sagte er, ich solle auf die Frage nach dem Beruf meines Vaters antworten: »Kaufmännischer Angestellter«. Er war jedoch mehr, wurde etwas, das es eigentlich noch gar nicht gab. Seine Arbeit begriff ich erst, als ich in den 1960er Jahren für eine Illustrierte eine Serie über ehemalige UFA-Stars schrieb und diese besuchte. Sowie Lil Dagover

Berlin: Mein Vater Carl an einem der vielen Seen um Babelsberg, etwa 1935.

oder Ilse Werner oder Brigitte Horney merkten, dass ich die Tochter war, schrien sie entzückt: »Mein Gott – die Tochter von Charley!« Ohne ihn hätten sie gar nicht das werden können, was sie geworden seien. Er habe ihnen beigebracht, wie man sich kleidet und benimmt und redet und Gesellschaften gibt und und und.

Es mag Zufall gewesen sein, aber mein Vater hatte in diesem Beruf das Talent entwickeln können, das ihn auszeichnete und das ihm half, seiner selbst so sicher zu werden, wie man sein muss, um erfolgreich zu werden. Heute lautet die Berufsbezeichnung vielleicht Starguide, und weil zu den Stars die Sternchen gehören, hatte eine dieser schönen jungen Frauen aus einer ungarischen Familie nach einer Reihe von kurzen Nebenrollen beschlossen, die nicht sehr erfolgversprechende Karriere als Sternchen aufzugeben und lieber die Ehefrau des Mannes zu werden, der mit den Stars im Scheinwerferlicht stand. Sie hatte Erfolg. Sie heirateten. Doch nun wollte mein Vater auch eine richtige Familie haben und kam mit Nr. Zwei nach Göttingen, um mich dazuzuholen.

Nr. Zwei hieß Gudrun, war so blond, naturblond, wie es damals Mode war, aber sie kümmerte sich nicht um das Wort von der deutschen Frau, die sich nicht schminkt. Sie kam mit einem Kosmetikköfferchen angereist und hatte bunte, wehende Kleider und lachte meinem Großvater ins Gesicht und redete wie mit hellen Glockentönen, und alle Kinder der Nachbarschaft standen an den Gartenzäunen und bewunderten alles: den Mann, von dem ich endlich so lässig wie alle anderen sagen konnte: »Mein Vater ... «, das kuriose kleine Auto mit der Berliner Nummer und die kunterbunte Blondine mit ihrem weithin wehenden Duft nach Chanel Nr. 5.

Ich lud sie, nur sie, zu einem Tee mit meinen Puppen ein, und meine Großmutter stand, stumm und bleich vor Eifersucht, in der Zimmertür und schaute zu. Aber dann brachten meine Großeltern mich nach Berlin und richteten mir das tortenstückförmige halbe Zimmer der Wohnung in der Mommsenstraße ein. Das Fenster ging zum Hof, unten am Haustor wohnte der Hausmeister mit Frau und Tochter und uns vis-à-vis auf der Etage zwei alte Damen, die zwei Flügel besaßen und viel Musik machten. Mich baten sie, der Goi mit dem Licht zu sein, der nicht-jüdische Mensch, der ihnen am Sabbat, an dem sie keine Arbeit verrichten durften, die Kerze anzündete.

Am ersten Schultag erklärte mir Gudrun den Weg, aber ich verirrte mich und wagte es nicht, Fremde zu fragen. Am folgenden Tag brachte mich wohl jemand über die ersten Kreuzungen, bis es nur noch geradeaus ging. Die Schule war düster, in den Pausen gingen die Kinder paarweise Hand in Hand im Kreis, und ich war überzählig. In der Klasse saß ich allein auf der letzten Bank. Die Kinder schrieben eine andere Schrift als in Niedersachsen, und es gab zwei verschiedene S, und da ich als Linkshänderin das Lang-S besser schreiben konnte als das andere, und es auch immer nur benutzte, bekam ich lauter Fünfer, bis mir jemand den Unterschied zwischen Lang- und Schluss-S erklärte. Die anderen Fünfer kriegte ich in Rechnen, weil die zweite Volksschulklasse in Berlin ein anderes Lernprogramm hatte, schon mitten im Dividieren war, und ich lange nicht begriff, worüber die Lehrerin redete.

In Religion saß ich, das katholische Kind, mit einem japanischen und einem jüdischen Mädchen auf einer Bank in einem düsteren Gang und wartete, bis die anderen Kinder mit ihrem evangelischen Unterricht fertig waren. Das jüdische Mädchen hieß Margarete, wohnte neben der Schule und lief bald darauf immer in dieser Stunde nach Hause, wo es bei einem Rabbi die Buchstaben seiner Sprache schreiben und lesen lernte. Irgendwann lief ich mit und lernte mit ihr, und irgendwann nahm mich ihre Mutter in den Arm und sagte, wir müssten Abschied nehmen, weil sie mit Margarete fortzögen, nach Israel. Als ich zu Hause war, weinte ich, doch mein Vater sagte: »Was musst du dir auch ein Judenmädchen zur Freundin aussuchen!«

In Göttingen hatte ich die Kinder der ganzen langen Landstraße zum Spielen, alle Gärten und Häuser, alle Dachböden und Küchen und hinter den Häusern die Feldwege mit den Pflaumenbäumen und den Brombeerhecken und dahinter den Wald mit seinen Bächen und steilen Schluchten, im Frühling mit den Veilchen, die unter dem letzten Schnee hervorlugten. In Berlin gab es nur die Wohnung und die Straße.

Einmal holte mich ein Fahrer in einer feschen Uniform von der Schule ab und brachte mich nach Babelsberg in eins der Studios, wo ich zuschauen durfte, wie ein Frosch gefilmt wurde.

Einmal gingen mein Vater und Gudrun mit mir in den Zoologischen Garten, wo das Lama einer Dame auf die Schulter spuckte.

Einmal brachte mich der Mann von Zarah Leander in ihr Haus in Dahlem, wo es zwei Kinder in meinem Alter gab, die genauso stumm und schüchtern waren wie ich, aber wir spielten Fußball, und Zarah und mein Vater standen in den Toren und lachten und schrien und stritten sich, wer welche Punkte gemacht hatte. Und dann wurden wir in das schönste Speisezimmer der Welt geführt. Alle vier Wände waren mit Waldtapeten zu einem Paradies aus stillen Bäumen verwandelt. Oben an der Decke schwebten lichte Wölkchen, und mittendrin stand ein langer Esstisch mit einer leuchtend roten Tischdecke, und mitten darauf prangte eine Torte nur aus Erdbeeren und Schlagrahm, die sich Zarah eigens für mich ausgedacht hatte.

Für meinen Vater war das Leben in Berlin wie ein Geschenk. Ich weiß nicht, was er in den Filmstudios in Babelsberg wirklich tat, aber abends zog Gudrun eins ihrer Abendkleider an, eng anliegend und aus dunklem Samt oder glasglatter Seide, und er stieg in den Frack. Mir kam es so vor, als fände jeden Abend ein Empfang, ein Ball oder ein anderes UFA-Fest statt, und er war der elegante Begleiter der eleganten Schauspieler und sprach alle Sprachen, lachte mit allen, war mit manchen befreundet und lebte fast so, wie er gelebt hätte, wenn alles so geblieben wäre, wie es immer gewesen war.

Manchmal begann der Abend bei uns zu Hause. Die Schar der Schönen und Eleganten trank glitzrige Cocktails, ehe sie in die Autos stieg, in denen Chauffeure gewartet hatten, um sie zu einem der Bälle oder Empfänge zu fahren. Ich schlief schon längst in meinem Tortenstück, wenn mein Vater und Gudrun nach Hause kamen. Sie schliefen morgens lang, und wenn ich aus der Schule kam, drückte mir Gudrun, im Morgenrock, die blonden Stirnlocken mit Wellenhaarnädelchen festgesteckt, einen Einkaufszettel in die Hand: Ich sollte Eier holen bei dem Eiermann, vor dessen Ladentür ein Schild hing »Deutsche! Kauft nicht bei Juden!« und der im Laden einen Lichtkasten stehen hatte, worauf man die Eier legen und sehen konnte, ob sie gut waren. Mir scheint, dass ich immer allein war beim Eiermann, und er ließ mich selber die Eier prüfen und erzählte mir von seinen Hühnern und seinen Hunden, die er nach den neuen Gesetzen nicht mehr halten durfte. Drüben beim Kolonialwarenladen kaufte ich eine Dose Spaghetti mit Tomatensauce oder eine Dose Huhn in Reis fürs Mittagessen.

Wenn das aufgewärmt auf den Tellern lag, war mein Vater schon auf dem Weg in sein Büro, und wenn ich meine Schulaufgaben gemacht hatte, ging Gudrun zur Schneiderin, zum Friseur oder zu einem Tee, und ich war allein. Ich hatte den Wohnungsschlüssel. Ich ging auf die Straße, wo Kinder mit dem Schuhabsatz eine Kuhle in die feste Erde um den Baum herum gebohrt hatten: Hacke in die Erde stemmen, einmal kräftig umdrehen, so dass Sand und Erde herausgeschraubt werden, Rand glatt treten. Fertig zum Klickern.

Ich hatte keine Murmeln, die man hier Klicker nannte, und ich bekam kein Taschengeld. Irgendwann gab mir ein Kind einen oder zwei von seinem Gewinn in der Kuhle ab. Aber dann kamen die Jungen aus den anderen Straßen. Manche hatten schon ein HJ-Hemd an oder eine Hose mit Gürtel und Schulterriemen und der Hakenkreuz-Schnalle. Sie scharten sich um uns und schrien: »Na, ihr Judenlümmel, was habt ihr denn da für uns?« und klauten uns alle Klicker. Wenn sich ein Kind wehrte, hakten sie den Riemen ab und hieben ihn uns mit dem Karabinerhaken um die Waden. Sie lauerten uns auch auf, wenn wir zum Einkaufen geschickt wurden und prügelten mit Kleiderbügeln auf uns ein, wenn wir ihnen nicht die Tüten mit den Kirschen oder den Windbeuteln öffneten, so dass sie sich bedienen konnten.

Die anderen Kinder hatten nun keine Klicker mehr zum Abgeben. Also nahm ich mir beim nächsten Einkauf einen Groschen und kaufte eine Tüte mit hundert Murmeln aus Ton. Als ich die Wohnungstür aufschloss, rutschte mir die Tüte aus dem Arm und hundert Tonkügelchen klickerten auf die Diele. Mein Vater veranstaltete ein ausschweifendes Strafgericht und sagte mir die Zukunft einer Gewohnheitsverbrecherin voraus, so wie er sie aus den Kriminalromanen kannte, die er immer las, wenn er sonntags auf dem breiten Sofa zwischen den Fenstern lag. Ich wartete höflich ab, bis er fertig war, und schwor, es nie wieder zu tun. Hundert Klicker reichten ohnehin ziemlich lange.

Entscheidend war das andere Spiel. Es gab noch kaum Autoverkehr, und das Spiel bestand darin, ein Auto so abzupassen, dass es einen fast streifte. Gewonnen hatte der Spieler, der am dichtesten stand und stehen blieb. Ich hätte gewonnen, aber mein Vater saß in dem betreffenden Wagen, und ich wurde als ungeeignete Zutat des ersehnten Familienidylls zurück nach Göttingen geschickt.

Meine Zeit in Berlin hatte kein Jahr gedauert, und es war die einzige Zeit, die ich bei meinem Vater zubrachte. Weder er noch Nr. Zwei hatten viel mit mir anfangen können. Er nannte mich »Kindli« und streichelte mich so, wie er vermutlich früher seine Jagdhunde gestreichelt hatte. Er fügte mich nicht in sein Leben ein, ich war nur anwesend, und wenn sich diese Anwesenheit plötzlich so unprogrammgemäß entwickelte wie bei der Sache mit den Klickern, konnte er nur unprofessionell reagieren. Ich kann mich noch genau daran erinnern, wie theatralisch und unecht ich seine Strafpredigt empfunden habe, fast wie ein Spiel mit vertauschten Rollen: Er war das hilflose Kind. Das Wunschbild von ihm hatte sich aufgelöst. Er war ein Erwachsener unter anderen Erwachsenen geworden. Ich mochte ihn trotzdem, aber ich war froh, dass ich aus dem Tortenstück wieder ausziehen und nach Göttingen zurückkommen konnte.

In einem der letzten Kriegsjahre, als Berlin noch einigermaßen heil und ich doppelt so alt war, nicht mehr sieben, sondern um die vierzehn, hatte ich gerade Herbstferien und mein Vater Fronturlaub und befahl mich zu sich.

Die Großeltern schickten mich nur widerwillig in die gefährdete Stadt. Gudrun, Nr. Zwei, war kriegsdienstverpflichtet worden und spielte in Norwegen in Fronttheatern. Mein Vater und ich waren zwei oder drei Tage allein zusammen. Er kaufte mir in einer Buchhandlung am Kurfürstendamm ein Märchenbuch und nahm mich abends mit in die Bars, die noch offen waren und in denen er bekannte Filmleute traf. Ich fragte ihn in einer dieser Nächte auf dem Heimweg durch die verdunkelte Stadt: »Hab ich Schuld am Tod meiner Mutter?« Er nahm mich in den Arm und sagte nur: »Nein«. Das genügte.

Und ich fragte, weil sie in der Schule merkwürdige Fragen über den Adel zu stellen begonnen und weil die Leute in den Bars ebenso ein Getue um meinen Vater, den Reichsgrafen, gemacht hatten: »Bist du stolz, ein Graf zu sein?«

Er blieb in der Dunkelheit stehen, legte mir seine große Vaterhand auf die Schulter und antwortete: »Stolz kann man nur auf etwas sein, das man gemacht hat.«

Viel zu kurze Momente. Aber wahrscheinlich weil sie kurz waren, verursachten sie nicht den Schmerz eines Verlustes oder einer unerfüllbaren Sehnsucht. Ich fand es vor allem toll, in Berlin in einer Bar und einem Varieté gewesen zu sein, zwischen lauter Filmschauspielern und jungen Männern in Uniform, manche verwundet, die den Urlaub genossen wie mein Vater, und ich reiste fröhlich zurück in die Provinz und zu meinen Freundinnen.

Oni   19.1.19

Sie ließ nur das *Dschungelbuch* für mich liegen …

Als ich als Siebenjährige aus Berlin nach Göttingen zurückgeschickt worden war, kam ich nicht zu den Schulfreundinnen in meiner alten Volksschule zurück, denn mein Vater hatte eine Bedingung gestellt: Für ihn, seine Familie und seinen Stand war es selbstverständlich, dass die Kinder auch katholisch erzogen wurden. Er selbst ging längst nicht mehr in die Kirche, ich aber sollte, vielleicht auch für ihn, beten lernen und die Fragen des Katechismus richtig beantworten.

Also kam ich in die katholische Volksschule. Sie lag in der Nähe des Schwänchenteichs und des alten Friedhofs, auf dem Göttingens berühmte Professoren und Dichter im Schatten der Bäume ruhten. Am ersten Tag sagte die Lehrerin, dass alle Menschen nach dem Tode ins Fegefeuer kämen und erst dann, geläutert durch Pein und fürchterliche Flammen, ins Paradies.

Ich meldete mich und sagte: »Aber nicht meine Mami.«

»Doch«, antwortete die Lehrerin freundlich, »alle.«

Da brach ich in ein lautes Geheul aus, stand auf, nahm meinen Ranzen und rannte unter Wut- und Weinanfällen nach Hause und schluchzte: »Da geh ich nie wieder hin!«

Ich musste dennoch ein letztes Volksschuljahr in dieser Schule bleiben. Aber sie war nicht so wichtig wie die Kinder in der Straße, in der meine Großeltern wohnten. Die Zäune zwischen den Hintergärten waren längst verrottet oder umgefallen, so dass wir uns einen eigenen Weg zwischen Hecken, Komposthaufen und Erdbeerbeeten getrampelt hatten, geheime Verstecke anlegten und uns verkleideten und unser eigenes Leben im Schatten der Erwachsenen lebten. Die

Hamburg: Großmutters zweiter Ehemann Elli, 1916, als sie sich kennenlernten.

Mütter hätten nicht im Traum daran gedacht, mit uns am Rande der Sandkiste zu sitzen und dafür zu sorgen, dass unsere Spiele entwicklungsfördernd waren. Wir spielten höchstens einmal eine Partie »Fang den Hut« mit ihnen und ließen uns die Regeln des Schachspiels erklären. Wir dachten uns eine neue Sprache aus, mit der wir uns verständigen konnten, ohne dass die »Kleinen« uns verstanden.

Auch die Väter blieben fern, aber ich wollte auch keine Nähe. Ich wollte nur wissen, wie Väter, wie Vater-Mutter-Kind sind. Was einem Kind der Vater bedeutet, der manchmal wütend wird und schimpft und ihm vielleicht eine Ohrfeige gibt. Meine Erwachsenen waren eine Generation älter als diese Väter. Sie waren ruhiger, stritten sich nicht oder nicht mehr, regten sich über andere Dinge auf. Ich weiß nicht, ob ich mir dieses Wunsches nach einer Familie, wie ich sie bei den anderen sah, bewusst war. Es genügte mir offenbar, dass ich die fremden Väter, die so ganz anders waren als der meine, beobachten konnte.

Ich sah, wie einer von ihnen gern mit seiner Frau lachte. Wie der Nachbar immer unruhig in seinem Arbeitszimmer hin und her lief, uns manchmal einen Blick zuwarf und dann schrieb und schrieb. Wie ein anderer jeden Sonntagmorgen, nach dem Frühstück im großen sonnigen Esszimmer, ein Kapitel aus der Bibel vorlas. Wir wussten nicht, dass die Heilige Schrift für manche Christen das Symbol für den Widerstand gegen die Gewalt des heraufziehenden Nationalsozialismus war. Wir wussten nicht, dass die jüdischen Hochschullehrer nach dem Gesetz von der Wiederherstellung des Berufsbeamtentums von ihren Universitäten ohne jeglichen Widerspruch vom Rektor oder von ihren Kollegen auf die Straße gesetzt worden waren. Wir wussten nicht, was in der Tageszeitung stand, denn wir bekamen höchstens eine Kinderseite herausgerissen. Wir sahen auf dem Schulweg die Plakate der vielen Parteien, die sich zur Wahl gestellt hatten, zeichneten ihre Embleme auf Pappe, bemalten sie, schnitten sie aus und steckten sie mit Sicherheitsnadeln an unsere Jacken: Hammer und Sichel, Hakenkreuz, drei Pfeile, die abwärts wiesen und so weiter, alles über- und nebeneinander. Empörung bei den Erwachsenen, Verlust der mühsam gebastelten Abzeichen. Falls uns eine Begründung gesagt worden ist, haben wir sie gleich vergessen, weil sie nichts mit unserem Spiel zu tun hatte.

Dann kam die Prüfung zur Aufnahme in die Sexta des Lyzeums. Dann kam die Belohnung: Einladung zu einer Portion Eis in der berühmtesten Konditorei der Stadt, zu *Cron & Lanz*. Endlich war ich wieder mit den Mädchen in einer Klasse, die ich vom ersten Schultag her kannte, und saß neben Janne, dem Nachbarskind. Bei ihr und ihrer kleinen Schwester wohnte im nächsten Sommer eine englische Studentin, die *Winnie the Pooh* mitgebracht hatte. Sie sprach mit uns ein Kinder-Englisch, das Janne und ich sofort mit unserer Geheimsprache mischten, und wir versuchten, Gedichte zu schreiben, die wie die in *When We Were Very Young* klangen.

Jannes Mutter war die schönste Frau, die ich kannte. Sie hatte ein Theaterkleid aus abendhimmelblauem Samt und knetete aus Ton Gesichter und Figuren. Ihr Zwillingsbruder kam manchmal zu Besuch, und dann saßen er und Jannes Eltern im Wintergarten zusammen und machten die Tür zu, die sonst immer offen stand, und redeten und redeten. Einmal war die Tür nur angelehnt, und Janne hörte, worüber sie sprachen. Sie konnte sich vor Schreck nicht von der Stelle rühren, und als ihre Mutter sie entdeckte, nahm sie sie in die Arme und sagte zu ihr, sie dürfe keinem Menschen erzählen, was sie eben gehört habe, sonst könne es Vaterchen und ihr und Onkel Dietrich das Leben kosten. »Auch Bille nicht?« fragte Janne. »Nein, auch Bille nicht.« Sie müsse schweigen.

Damals war Janne neun Jahre alt, und sie hat geschwiegen. Erst nach dem Krieg, in dem ihr Onkel Dietrich, dessen Brüder und Schwäger von den Nationalsozialisten gefoltert und hingerichtet worden waren, hat sie mir erzählt, was sie im Wintergarten gehört und dass sie deshalb gewusst habe, warum die englische Studentin und Winnie zu ihnen gekommen seien: Für Jannes Eltern stand fest, dass eine Flucht aus Deutschland mehr als wahrscheinlich sein würde, und weil das endgültige und erhoffte Ziel England war, sollten die beiden Mädchen schon die Sprache des Landes ein wenig können.

Für mich war es ein Spiel, und zum Spiel machte ich wie Janne meinen Puppen winzige Pässe und winzige Wörter- und Schulbücher. Janne aber wollte gerüstet sein, und sie beobachtete ihre Eltern. Sie war darauf gefasst, dass sie mit ihren Puppen das Land verlassen musste. Sie wartete nur auf ein Zeichen, während wir spielten und Picknicks machten und in die Schule gingen und Geburtstag feierten und eine jeden Morgen die andere abholte und auf dem Weg zur Schule eine Geschichte erzählte, die die andere auf dem Heimweg weitererzählte. Ich versuchte immer, dem Waisenkind in meiner Geschichte den lang verlorenen Vater über den Weg zu schicken, aber sowie ich einen einsamen Mann auf dem Bahnsteig oder einen großen Unbekannten dem Waisenkind entgegenkommen ließ, machte Janne flugs den Briefträger daraus oder den Zahnarzt, der gerade von einer Tagung nach Hause gekommen war.

Als wir zehn wurden, kam mein Jahrgang in die Hitlerjugend, zum Bund Deutscher Jungmädel, BDJM. Alle Mädchen in meiner Klasse, also ich auch, Janne aber nicht. Dazu mussten meine Großeltern eine Uniform kaufen, die Kluft genannt wurde und aus einer senfgelben Kletterweste bestand und einem dunkelblauen Rock, der im Bund große Knopflöcher besaß für die Knöpfe der weißen kurzärmeligen Bluse. Alle Knöpfe waren mit HJ-Emblemen geprägt, und an dem linken Ärmel der Bluse musste das schwarze Dreieck mit der Gau-Bezeichnung aufgenäht werden: Niedersachsen.

Mein Großvater, in Uniformen aufgewachsen, war willens, die Kluft zu kaufen. Aber meine Großmutter sagte: »Unfug! So eine

Geldverschwendung!« und erstand nur die Kletterweste. Der Rock
wurde genäht, und für die Bluse trennte sie ein Frackhemd meines
Großvaters auseinander. Aber beim ersten »Heil Hitler!«, beim ersten Armhochreißen zum Deutschen Gruß rutschte das ehemalige
Frackhemd aus dem Rock. »Unvorschriftsmäßige Kluft! Eine Schande für die ganze Schaft, wenn so was den Wimpel trägt ... «

Jeden Mittwoch- und Samstagnachmittag hatten wir »Dienst«,
wie diese zwei oder drei Stunden im Freien, auf dem Sportplatz oder
im sogenannten Heim in einer ehemaligen, wahrscheinlich jüdischen
Villa hießen. Dienst bedeutete: Singen, fast jeden Nachmittag ein
neues Lied. Marschieren mit Singen. Im Sommer: Sport unten auf
dem Sportplatz auf den Leinewiesen. Im Sommer und Winter: politische Schulung, Lebenslauf des Führers. Im Winter: Spielzeug basteln
für die Kinder der Volksgenossen, die kein Geld für Spielzeug hatten,
später für die Kinder der Gefallenen und immer wieder Schulung
über Wesen und Pflichten eines Jungmädels.

Janne war nicht im BDJM, »weil ich Jüdin bin, sagt Mutterchen«.
Deshalb durfte sie auch kein Haustier, keinen Hund, keine Katze,
nicht einmal ein Kaninchen haben. Nur Schildkröten standen offenbar nicht auf der Verbotsliste. So hatte sie ein großes schweres Tier,
das sich an einer langen Messingkette langsam und bedächtig durch
den Garten scharrte und uns manchmal nachdenklich musterte.

Während ich Dienst hatte, saß Janne auf der Gartenmauer und
schaute uns entgegen, wenn wir singend unsere Straße entlang marschierten und ich weder ihr noch sonst jemandem zuwinken durfte.
Und wenn ich vom Dienst heimgelaufen kam, rief sie mir schon entgegen: »Was habt ihr heute für ein Lied gelernt?« Ich setzte mich
neben sie auf die Mauer und sang es ihr vor. »Deutschland, heiliges
Wort ... « oder »Deutschland, sieh uns, wir weihen / dir den Tod als
kleinste Tat ... « oder »Eh der Fremde dir deine Krone raubt, /
Deutschland, fallen wir Haupt bei Haupt.« Sie lernte alle Strophen

auswendig und behielt sie ihr ganzes Leben lang. Sie kann sie heute noch singen.

Eines Morgens erkannte sie die Zeichen: Sie und ihre kleine Schwester mussten drei Wollunterhemdchen übereinander anziehen, und die Mutter sagte dem Kindermädchen, sie würden eine kleine Reise zu Verwandten machen, und gab der Frau einen Ort als Reiseziel an, an dem kein einziger Verwandter wohnte. So konnte sie, falls sie vernommen wurde, das richtige Ziel, nämlich Zürich im sicheren Ausland, nicht verraten. Janne durfte sich nicht von mir verabschieden. Sie ließ nur das *Dschungelbuch* für mich liegen und schrieb vorn hinein: Für Bille von Janne.

Ich war am Tag ihrer Abreise lebensgefährlich an einer Grippe erkrankt und konnte erst nach Wochen wieder auf den Beinen stehen. Als ich begriff, was geschehen war, als es allen anderen gleichgültig zu sein schien, als mir das Herz brach und meine Großmutter sagte: »Stell dich doch nicht so an! Du wirst schon eine andere Freundin finden!« wusste ich, dass es keinen Sinn hatte, darüber zu sprechen.

Ich ging noch einmal in den Garten. Es war ein Novembertag, feucht, kalt, düster. Der Sandkasten, in dem der Zauberer wohnte, voller Wasser. Die Sträucher und Bäume kahl. Das Buch, in dem wir gelesen hatten, aufgeschlagen und aufgeweicht auf dem welken Rasen. Im Laub vorm Brunnen fand ich die Schildkröte, immer noch angekettet. Sie war tot.

Ich stotterte wieder. Ich wurde schlecht in der Schule. Das aber rettete mich, denn ich wurde zu einer Freundin meiner Großmutter geschickt, einer ehemaligen Lehrerin, die mich wieder in Schwung bringen sollte. Sie wusste, was mit Janne und ihrer Familie geschehen war, und fragte, was wir zusammen gespielt hätten?

»Nicht gespielt. Gelesen. Winnie.«

»Und wie weit seid ihr gekommen?«

So lasen wir weiter, und Christopher Robin mit seinem Bären und dem kleinen Schwein kümmerten sich nicht um meinen Kummer, sondern nahmen mich einfach mit in ihren Wald und auf ihre Wiesen zu Owl und Eeyore und Rabbit samt *friends and family*. Sie spielten genauso frei und heiter, wie wir gespielt hatten, und ich war bei ihnen, konnte wieder atmen und lernte außerdem das Geheimnis des a. c. i.

Ich fand neue Freundinnen in der Klasse des Lyzeums, in der wir bis zum Abitur zusammenblieben. Wir waren auch als Jungmädel zusammen, seit unser Jahrgang aufgerufen worden war. Für meine Großmutter war wichtig, dass ich, das Einzelkind, »dabei war«. Für meinen Großvater war es selbstverständlich, dass Kinder wie Kadetten erzogen wurden und in Uniformen steckten, um »ihre Pflicht zu tun«, wie wir es bei unserer »Vereidigung« geschworen hatten, ohne zu wissen, worin diese Pflicht bestand.

Dieser Großvater war wie viele der nach dem Ersten Weltkrieg pensionierten Offiziere reaktiviert worden, trug also wieder Uniform, hatte ein Büro in der Kaserne und war als stellvertretender Standortvorsitzender für den Luftschutz verantwortlich. Von Zeit zu Zeit hielt er vor der NS-Frauenschaft Vorträge über die Verdunklung. Eines Tages ging er auf dem Weg zu einem Vortrag durch die Straße, die unterdessen Adolf-Hitler-Straße hieß, und sah, wie junge SA-Leute die Scheiben einiger Geschäfte einschlugen, die Ladenbesitzer herauszerrten, ohrfeigten, anschrien und zu Boden stießen. Mein Großvater schnauzte die jungen Männer so an, wie er seine Soldaten auf dem Kasernenhof angeschnauzt hatte: »Was bilden Sie sich ein? Stehen Sie gerade, Mann, wenn ich mit Ihnen spreche! Das ist unerhört, was Sie dort machen! Eine Schande für unsere Stadt! Eine Schande für die SA! Das werde ich höheren Ortes zu melden haben!« Und bevor er seinen Vortrag über den Luftschutz begann, gab er noch einmal seiner Empörung nach und sagte, dieses Benehmen sei nicht nur verbrecherisch, es fiele auf alle zurück.

Ein paar seiner Zuhörerinnen zeigten ihn beim Ortsgruppenleiter an, was meine Großmutter sofort erfuhr, weil die betreffenden Frauen Nachbarinnen unserer Putzfrau waren. Meine Großmutter reagierte rasch, ehe er verhaftet werden konnte. Sie trug seit dem Tod meiner Mutter ohnehin immer schwarze Trauerkleidung, steckte mich zudem in ein Kleid, das sauber, aber ärmlich aussah, und lief mit mir und unserer Putzfrau zu den Frauen, die meinen Großvater angezeigt hatten. Dort brach sie in lautes Weinen aus und zerrte mich wie einen Schild vor sich. Wenn ihr Mann, ein aufrichtiger Deutscher, in ein KZ käme – was solle dann aus ihr und dem Enkelkind werden, das nur sie beide auf der Welt noch habe? Zum Schluss stimmten die Frauen in ihr Weinen und Schluchzen ein und sagten, nun, vielleicht hätten sie das alles ganz falsch verstanden, und ja, sie wüssten, was für ein guter Mann er sei, so dass meine Großmutter den ganzen Trupp sofort zum Rathaus dirigieren konnte, wo die Frauen widerriefen. Ich war nicht mehr dabei. Meine Großmutter berichtete, der Ortsgruppenleiter habe nur geschwiegen und dann endlich gesagt, diesmal hätte sie es ja geschafft, aber das nächste Mal … »Und dafür werde ich sorgen, dass der Mann seinen Mund hält!«

Mein Großvater blieb aber bei der festen Überzeugung, dass sein Oberster Kriegsherr nichts Böses tun konnte. Er war der Nachfolger des Kaisers und Königs von Gottes Gnaden, und das bedeutete: Hüter der Wahrheit und Gerechtigkeit.

Einmal, auf dem Weg zu einer Freundin, riss mich meine Großmutter an sich und presste mein Gesicht an ihren Rock, aber ich hatte schon gesehen, wie junge Leute Möbel aus den Fenstern eines Hauses warfen. Ich hörte, wie Holz und Glas krachten und splitterten, ich hörte das Gejohle, und als wir bei der Freundin waren, redeten die Erwachsenen hastig und so leise, dass ich es nicht verstehen sollte.

Einmal schrie meine Großmutter auf, als sie das las, was ihr meine Großtante Friederike auf einer Postkarte geschrieben hatte. In Nassau waren im Laufe des Krieges viele Kurhäuser Lazarette geworden, und weil es nicht genug Schwestern gab, half meine Großtante aus, so gut eine alte Frau helfen konnte. Sie hatte geschrieben: »… könnt Euch nicht vorstellen, was die Verwundeten unter der Narkose alles erzählen! Die von der Ostfront sagen, da hätt es Gräben gegeben, voll von erschossenen Juden, und sie hätten sie zuschütten müssen … «

»Und das schreibt sie auf einer Postkarte!« schrie meine Großmutter, »wenn das jemand gelesen hat!«

»Ach Unfug«, erwiderte mein Großvater, »kein Wort wahr! Latrinengeschwätz! Das kennt man doch!«

Mein Großvater aber tappte, wie mir erst viel später klar wurde, in eine der Fallen, die mit großem psychologischen Geschick für ihn wie für viele andere konstruiert worden waren. Wir saßen auf dem Balkon, Sonne, blühende Geranien, Zwetschgenkuchenzeit, Wespen. Mein Großvater stand in der offenen Balkontür, das Monokel vors Auge geklemmt, einen Briefbogen in der Hand, und schlug erregt an das Papier. »Hab ihn ganz falsch beurteilt, diesen Gefreiten. Hat doch Achtung vor uns alten Offizieren, denkt an uns! Weiß, was er an uns hat!«

Im Brief stand, dass in Anbetracht seiner Treue zum Vaterland und so weiter und so weiter seine schmale Pension um hundert Mark erhöht worden sei. Mein Großvater verstand das als Ehrensold und hat wohl nie begriffen und hätte es sich auch gar nicht vorstellen können, dass er und die anderen alten Offiziere mit ihren Orden und Ehrenzeichen schamlos hintergangen und für hundert Mark im Monat gekauft worden waren.

Ich bekam danach ein vorschriftsmäßiges Hemd zur Kluft und einen Rucksack, der Affe hieß, denn alle Abteilungen der HJ machten regelmäßig Fahrten, Wanderungen zu Dörfern, wo wir Rüben verzogen oder nur ein Lagerfeuer bauten, Kartoffel- oder Erbsensuppe aus Blechtellern aßen und sangen und nachts in der Scheune im Heu schliefen. Morgens wuschen wir uns am Brunnen, und die Bauern standen in ihrer Haustür und schauten schweigend zu.

Vier Wochen der Großen Ferien wurden dem Vaterland gewidmet. Alle Jungmädelscharen zogen in den Wald und pflückten Brombeerblätter. Es hieß, um für die Soldaten Tee daraus zu machen, aber als wir nach den restlichen Ferien wieder im HJ-Heim waren, lagen die Blätter in großen Haufen auf dem Dachboden des Schuppens und moderten und welkten vor sich hin.

Manchmal fuhren wir für ein Wochenende in eine andere Stadt und hatten in einem HJ-Heim Schulungen. Nachts, wenn die Sirenen zum Fliegeralarm heulten, liefen wir in der Dunkelheit zu einem Bunker, in dem es auch finster war und stank.

Manchmal wurde die ganze Schulklasse zwei Wochen lang zum Kartoffelroden geschickt oder in eine Fabrik zum Flechten von Tarnmatten für die Wehrmacht.

Einmal im Monat zogen wir mit dem Bollerwagen durch uns zugeteilte Straßen und sammelten »Lumpen, Knochen, Eisen und Papier«, zum Spottvers ergänzt: »Ausgefallene Zähne sammeln wir.«

Manchmal musste man noch eine ganz andere Pflicht erledigen. Nach dem Motto »Ein Volk, ein Reich, ein Führer« galten alle als Volksgenossen, waren also alle Gruppierungen von der HJ bis zur Frauenschaft und SA oder SS sozial gemischt. So gab es in meiner Jungmädelschaft Mädchen aus Familien mit 150-Prozentlern, wie man spöttisch die stramm Überzeugten nannte. Mit diesen Mädchen musste man vorsichtig umgehen, weil sie jedes Wort als Verrat »an der Sache« verstanden und anzeigen konnten. Aber es gab auch Mädchen, die nicht zum Dienst kamen. Wenn, wie üblich, bei Dienstbeginn ein Name nach dem anderen aufgerufen wurde, antwortete kein »Hier!« Summierten sich die Kreuze auf der Anwesenheitsliste, so wurde ein Kind aus der Schaft ausgewählt, musste zu der betreffenden Familie gehen und mahnen. Einmal war ich die Abgesandte und klopfte, in vorschriftsmäßiger Kluft, bei der angegebenen Adresse an die Haustür. Sie flog auf, und eine Frau in der Kittelschürze starrte mich an und fragte: »Was willst du?«

Ich machte einen Knicks und sagte: »Verzeihen Sie bitte, dass ich Sie störe, aber ich soll ausrichten, dass Ihre Tochter pünktlich zum Dienst kommen muss.«

Die Frau rief nur: »Hau ab, hau bloß ab!« und knallte mir die Tür vor der Nase zu.

Ich marschierte bedrückt zurück und meldete meinen Misserfolg.

»Was?« schrie mich die Führerin an. »Du hast einen Knicks gemacht? Hast du den Verstand verloren? Man sagt laut und deutlich: ›Heil Hitler, Volksgenossin!‹ Und man bittet nicht höflich, sondern befiehlt!« Ich wurde nie wieder ausgesandt.

Der Dienst und seine Zusatzaufgaben übten einen Jahrgang nach dem anderen ein, vollkommen selbstverständlich das zu tun, was angeordnet wurde. Es gab keine Erklärung oder Begründung, es reichte, dass alle es taten, und wenn es einem nicht gefiel, weil das Heu kratzte und piekte, weil einem die Lateinstunde lieber gewesen wäre als die ewige Schulung, bei der man gar nicht mehr hinzuhören brauchte, weil es immer das Gleiche war, weil man bei Fliegerangriffen in fremden Städten mehr Angst hatte als zu Hause, so war das Jammerei und eines Jungmädels nicht würdig. Es nützte auch nichts, gegen das Mädchen zu rebellieren, das nur im Turnen immer eine gute Note bekam und das nun unsere NS-Gruppenführerin im Sport war und uns nach Belieben schikanieren konnte.

Das war einer der infamsten Tricks: Jeder konnte auf seinem Gebiet rücksichtslos herrschen. Ein Mädchen als BDM-Führerin über alle sonst Unerreichbaren. Ein Hausmeister als Blockwart über alle Mieter, ob Bäcker oder Professor. Ein Kind über die Eltern: Sie brauchten nur BBC zu hören, kein Eintopfgericht am Eintopfsonntag zu kochen oder Kritik an der HJ-Erziehung zu äußern. Der Dienst machte schon aus Kindern Volksgenossen.

Der Dienst war trotzdem nur ein Teil des Alltags. Es gab auch gute Tage, zum Beispiel den HJ-Theaterring, für fünfzig Pfennig jeden Sonntagnachmittag ein Besuch im Stadttheater. Ich sah alles, vom *Richter von Zalamea* und *Faust* bis zur *Fledermaus*, und wenn die Ballett-Truppe auftrat, donnerten die Bühnenbretter. Ich glaubte, so und nicht anders sei Theater.

Als wir vierzehn wurden und die Zeit des BDJM abgelaufen war, ließ ich mich wie andere Mädchen aus meiner Klasse nicht in den BDM überweisen, sondern zur Spielschar. Sie stellte die musische Gruppe in der HJ dar. Wir mussten ständig neue Theaterstücke üben, um sie vor den Verwundeten aufzuführen, die rings um Göttingen in provisorischen Lazaretten lagen. Wir spielten die Grimm'schen Märchen, weil sie jedermann kannte und man die Rolle kaum zu lernen brauchte. Wir hatten keine Kostüme, sondern trugen nur die notwendigen allbekannten Symbole wie den Bart des Bösewichts, das rote Käppchen oder die Zwergenzipfelmütze. Die Hexe musste nur kreischen und bucklig auftreten, und ich musste wieder wie in Nassau der brave Müllerbursche sein oder der Königssohn, denn es hatte sich nichts geändert: Alle anderen Mädchen trugen Zöpfe, und mir schnitt meine Großmutter immer noch aus praktischen Gründen den Bubikopf, so sehr ich auch von Zöpfen träumte.

Zum Schluss sangen wir jedes Mal Lieder, von denen wir dachten, dass die Soldaten sie auch kannten, und die Soldaten erzählten von ihren Töchtern, die auch so schön singen würden. Wenn wir sagten, nun müssten wir aber los, begleiteten uns diejenigen, die laufen konnten, bis zum Ausgang. Wenn ich mich noch einmal umdrehte, sah ich sie dort schweigend stehen, Gipsbeine, geschiente Arme, Kopfverbände, weiß im Abenddämmer. Manchmal winkte einer, und wir fuhren mit dem Bus, der keine Scheinwerfer eingeschaltet hatte, in die verdunkelte Stadt zurück. Ich glaube, damals begann ich zu verstehen, in welcher zwiespältigen Lage sich die Erwachsenen befanden, in welcher Unsicherheit, sie, die doch unsere Sicherheit sein sollten.

Dann begannen die Bücher eine immer größere Rolle zu spielen. Ich besaß nur *Heidi* und ein französisches Kinderbuch, das meiner Großmutter gehört hatte, dazu zwei oder drei Bilderbücher, die meiner Mutter gewidmet waren. Der Großvater hütete das Hamburger Kinderbuch *52 Sonntage* von A. Stein, und natürlich gab es von Otto Ernst *Appelschnut* und *Der Kinder Schlaraffenland*. Im Bücherschrank meines Großvaters standen nur Werke über Pferde und Pferdezucht, Regimentsjahrbücher und die Romane von Heinrich Mann. Bei meiner Großmutter: französische und englische Romane, etwas Goethe und englische Klassiker. Meine Schulfreundinnen lasen das, was ihre Mütter früher gelesen hatten: die Kränzchen-Bibliothek und Geschichten von Ottilie Wildermuth und Anna Schieber.

Das alles reichte meinem Lesehunger nicht. Mir half jedoch, dass damals alle Schulbücher von den Eltern gekauft werden mussten. War man mit diesen Büchern sauber und ordentlich umgegangen, so konnte man sie bei einem Buchhändler für einen bestimmten Preis wieder verkaufen. Ich ging zu dem, an dessen Laden meine Großmutter und ich immer vorbeikamen, wenn sie ihre Besorgungen in der Stadt machte. Er war ein großer, dünner Mann mit dichten weißen Haaren. Er prüfte mein Erdkundebuch und sagte: »Sehr gut erhalten. Ich kann dir das Geld dafür geben, aber sieh mal – hier in den Regalen stehen lauter gebrauchte Bücher. Die nennt man antiquarisch. Du kannst dir ein oder zwei Titel von ihnen aussuchen, und wenn sie mehr kosten, als ich für dieses Erdkundebuch berechne, so macht das nichts. Du kommst ja sicher mit deinen anderen Schulbüchern wieder.«

Ich suchte mir als erstes eigenes Buch *Das kleine Blumenbuch* aus der Insel-Bücherei aus, und wenn ich an die Titel denke, die ich mir in den folgenden Schuljahren ertauschte, so merke ich, dass ich ohne diesen Buchhändler nicht das geworden wäre, was ich bin. Er wusste, wer meine Großeltern waren. Er konnte sich vorstellen, was in ihren Bücherschränken stand, und er empfahl mir das, was mir fehlte mit sanfter freundlicher Stimme. Ich habe erst Jahre später erfahren, dass er in diesen Jahren des Nationalsozialismus zum geheimen Widerstand gehörte und seinen Sohn, der so alt wie ich sein mochte, zu Freunden nach Dänemark geschickt hatte, weit weg von der Gefahr, die nicht nur seinen Vater bedroht hat.

Der Direktor unseres Lyzeums wurde von den Erwachsenen als strammer Nazi bezeichnet. Wir hatten keinen Unterricht bei ihm – er saß fern in seinem Direx-Zimmer, und vermutlich hat er streng darauf geachtet, dass an den neuen politischen Gedenk- und Feiertagen auf dem Schulhof die Fahne gehisst und von uns allen, ordentlich in Klassengruppen aufmarschiert, das Deutschlandlied und »Die Fahne hoch« gesungen wurden, mit erhobenem rechten Arm, alle Strophen hindurch. Eine aus unserer Klasse hatte sich den rechten Arm verstaucht und durfte ihn hängen lassen. Darauf hätten wir auch kommen können, dachten wir neidisch.

Unsere Lehrerinnen aber stammten noch aus einer anderen Zeit. Die sogenannten wehrfähigen Kollegen waren eingezogen worden, und in die Lücken rückten längst pensionierte Frauen, meist aus der Generation, die sich Gymnasium und Studium hatte erkämpfen müssen. Sie schauten ins Klassenbuch und sagten: »Von diesen modernen Themen über Blut und Boden und Rassenkunde weiß ich nichts. Das kann ich nicht unterrichten.« Deshalb sah unser Lehrplan wie vor 1933 aus. Als unsere Latein- und Deutschlehrerin feststellte, dass die HJ-Sondereinsätze auf Kosten des Lehrstoffs gingen, lud sie uns nachmittags zu sich ein und machte uns mit dem vertraut, was in Unter- und Oberprima auf uns gewartet hätte.

So lebten wir in vollkommener Selbstverständlichkeit in zwei Welten. Jeden Mittwoch- und Samstagnachmittag zogen wir die Kluft an und waren Hitlermädchen. Wir lebten trotz allem friedlich in einer friedlichen Stadt, die durch den Krieg kaum zu leiden hatte. Wenn Bomben fielen, fielen sie auf Kassel, und das sah man nur am lodernden roten Himmel. Es hatte immer wieder Pflichteinsätze und Kriegsdienste gegeben, aber abends war man meist wieder daheim, und es gab trotz Tanzverbot Tanzpartys und Schülerinnenleben wie eh und je.

Unterdessen war es überall eng geworden. Immer neue Ausgebombte und Flüchtlinge, immer wieder Besuch vom Wohnungsamt, um auch die letzte Bodenkammer zu beschlagnahmen. Auf dem Hängeboden wurden Verschläge eingerichtet, Kellerräume, die keine Luftschutzkeller waren, möglichst auch noch bewohnbar gemacht. Ins Esszimmer der Hausbesitzerin war ein Ehepaar einquartiert worden. Der Mann hatte Krebs. Er schrie vor Schmerzen. Morphium und andere Schmerzmittel waren ebenso rationiert wie Lebensmittel und wurden vor allem für die Feldlazarette an allen Fronten gebraucht. Oben bei uns im ersten Stock konnte man ihn nur nachts hören, wenn alles still war.

Im Oktober 1944 begann das Abitur, doch es wurde abgebrochen, denn im Rahmen des totalen Krieges waren die Einberufung zum RAD, Reichsarbeitsdienst, um ein halbes Jahr vorgezogen und die Dauer des Dienstes verlängert worden. Wir waren am 9. November 1944 in Göttingen aufgebrochen, morgens um fünf. Eltern und Verwandte standen frierend auf dem verregneten und verdunkelten Bahnsteig.

Mein Großvater sagte: »Denk immer daran, dass du jetzt Uniform trägst. Ein Soldat harrt dort aus, wohin die Pflicht ihn stellt.«

Meine Großmutter sagte: »Und wenn es kalt wird, zieh dir die Wollhose an!«

Dann klapperte der Zug heran – zerstörte, mit Pappe verklebte Fenster, ungeheizt –, brachte uns durch die von fernen Flakfeuern erhellte Nacht über einen Sammelplatz zum anderen nach Oberschlesien. Immer wieder umsteigen, immer wieder Stillstand, weil es Fliegeralarm gab oder die Schienen zerbombt waren, oder weil die Lazarettzüge mit den Schwerverwundeten von der russischen Front Vorfahrt hatten. Keiner der Erwachsenen hatte sich dagegen gewehrt, dass ihre Kinder in einer Zeit nach Oberschlesien transportiert wurden, als dort bereits einige heimlich ihre Koffer und Planwagen zu packen begannen. Ich besaß nur einen Zettel mit etwa zwei Dutzend Adressen von Freunden und Bekannten meiner Großeltern – »für den Fall der Not« –, von denen ich sechs Monate später nur eine einzige erreichte. In diesen sechs Monaten habe ich, haben meine Arbeitsdienstkameradinnen und hat vermutlich unsere ganze Generation mehr gelernt und gesehen, als wir je vorher gelernt hatten und später erleben würden.

Der Arbeitsdienst in Oberschlesien begann damit, dass die Abiturientin das hölzerne Plumpsklo scheuern musste, das zwanzig Meter vom Heim entfernt lag, ohne Licht und daher jeden Morgen überaus reinigungsbedürftig. Er begann mit dem Schluchzen einer Maid, die sich durch irgendetwas den Zorn der Lagerleiterin und Minuspunkte im Betragen eingehandelt hatte und die immer wieder stammelte: »Jetzt darf ich nicht studieren! Jetzt darf ich nicht studieren!« Denn unser künftiges Leben hing davon ab, ob wir uns durch Wort und Tat Plus- oder Minuspunkte eingehandelt hatten.

Wir lernten also, den Mund zu halten, Kühe zu melken, Gänse zu stopfen, Enten zu schlachten, Wasser aus dem zugefrorenen Dorfteich zu schöpfen, die ersten Toten zu sehen, Panzersperren herzustellen, uns vorm Frühsport zu drücken, Bauernkinder zu entlausen,

Trümmer nach Bombenangriffen aufzuräumen, Holz aus dem Wald einzufahren, an den Satz von der Frontbegradigung zu glauben, aus den abgeworfenen Silberpapierstreifen feindlicher Flugzeuge, die die Flugabwehr stören sollten, Lametta für den Weihnachtsbaum zu schneiden, mit Marschgepäck und Gasmaske Dauerlauf zu machen, Heimweh zu unterdrücken, stets die vorgeschriebene Zahl Nägel in den Stiefelsohlen zu haben, einmal vor den Russen zu fliehen, längst, nachdem die Bauern abgezogen waren, nochmal vor den Russen zu fliehen, im Schnee und im Stehen zu schlafen, nochmal vor den Russen zu fliehen. Und dann waren wir in der Nähe von Brünn, und die nächste Etappe war eine richtige Reise in einem richtigen Zug, und weil ich mich im März 1945 weigerte, noch Arbeitsdienstführerin zu werden, landete ich in einem Straflager in Österreich zwischen ukrainischen Zwangsverpflichteten und russischen Kriegsgefangenen, die jeden Abend in den roten Himmel sangen, dass einem das Herz brechen konnte.

Dort lernten wir, Flakmunition und größere Bomben herzustellen, auf Holzstücken zu kauen, um den Hunger zu betäuben, und zu lügen, denn jeden Morgen, wenn wir nach dem Nachtdienst ins Bett, also auf die Holzwolle, krochen, fehlten ein paar Maiden, und wir sagten immer, wir hätten nichts gesehen und gewusst. Die Strafappelle machten uns nichts aus, denn tagsüber konnte man der Alarme wegen ohnehin nicht schlafen.

Wir lernten, dass man immer mehr aushalten kann, als man glaubt, und lernten, alles zu überstehen – die Krankheiten brachen erst später aus –, und lernten vor allem, dass die Uniform eine Solidarität entstehen ließ, die uns schützte. Nicht nur der polnische Kriegsgefangene bei meinem Bauern in der Tschechoslowakei sagte »so alt wie du muss meine Tochter daheim sein«, auch die deutschen Soldaten, deren Stellungen wir kreuzten, mit denen wir flohen, die uns zum Übernachten auf der nackten Erde in die Mitte nahmen und uns vor der Kälte schützten, waren wie Brüder und Väter. »Näh mir mal den Knopf an, Arbeitsmaid!« Zerknitterte Fotos von Kindern: »Sieh mal, das ist mein Ältester und das das Baby!« Und der klassische Satz: »Glaub mir, Arbeitsmaid, der Frieden wird fürchterlich.«

Gemeinsamer Hunger, gemeinsame Erschöpfung, Trost in der Todesangst, die zuweilen doch aufbrach, obwohl Gefühle abhandengekommen zu sein schienen und der Körper sich nur noch mechanisch bewegte. Manchmal auch gemeinsame Wut: auf der letzten Strecke quer durch Bayern ein paar Kilometer mit der Bahn, dann Tieffliegerangriff, zu Fuß weiter, ein Stück mit dem Lastwagen, dann doch ein Bahnhof, Zug, wieder Tiefflieger – und am Rande die Bauern, die vor ihren heilen Höfen standen und sich den letzten Ausläufer des monatelangen Trecks mit untergeschlagenen Armen wie einen Zirkus anschauten. »Habt ihr einen Schluck Milch für uns?« Kopfschütteln, und schon klappten die Panzerfäuste in die Waagerechte, und die Milch schäumte ins Kochgeschirr.

Wenn ich heute den RAD erwähne oder aus dem *Sonderappell* lese, meinem Buch über die Monate zwischen 1944 und 1945, als ich zu dieser NS-Organisation nach Oberschlesien eingezogen worden war, sagt immer eine Zuhörerin: »Aber es war doch so eine schöne Zeit! Vor allem die Kameradschaft …« Und die meisten anderen alten Frauen nicken.

Ja, wer Glück hatte und nicht gerade kurz vor Zusammenbruch und Flucht und nicht im Winter, sondern in einem Sommer und zum Beispiel nach Pommern oder Ostpreußen eingezogen wurde, und wer dann noch einmal Glück und erträgliche Führerinnen hatte, der konnte mit der Erinnerung an Wochen voller Sonne und Heuernte und Liedersingen weiterleben. Für Mädchen aus engen Großstadtwohnungen und mit vielen Geschwistern, für die sie vielleicht als Älteste zu sorgen hatten, war ein solcher Sommer ein Geschenk. Sie waren frei. Sie fanden Freundinnen, weil das Leben sie zur Hilfsbereitschaft erzogen hatte. Sie waren den anderen meistens überlegen, weil sie alle Tricks der Kindererziehung und der Haushaltsführung sparsamster Art beherrschten. Für diese Mädchen waren die RAD-Monate ein Dauerurlaub mit Erfolgserlebnissen.

Aber als diese Zeit vorbei war, als auch ehemalige RAD-Maiden erkennen mussten, dass sie ausgenutzt und betrogen und mit diesen heiteren Wochen bestochen und geblendet worden waren, hätte sich ihr Urteil ändern müssen. Viele dieser ehemaligen Maiden und Führerinnen haben über Jahrzehnte hinweg auf verhängnisvolle Art und Weise dazu beigetragen, ein falsches Bild zu überliefern.

Die Welt war still

D amals, im Frühjahr 1945, interessierte mich nur noch die letzte Adresse, die von der langen Liste meiner Großmutter übrig geblieben war. Eine Adresse in der Nähe von Augsburg. Ob es das Haus noch gab? Ob es zerbombt war? Ob sie noch lebte?

Sie hieß Emi und war eine große und schlanke Frau, sehr elegant und Achtung gebietend. Meine Großmutter Sophie hatte sie 1926 in Heiligendamm kennengelernt, und sie entdeckten wie im Spiel und unter großem Gelächter, dass sie in der siebten oder siebenundzwanzigsten Ahnengeneration verwandt waren. Also hieß sie Tante Emi, und sie kannte mich schon, ehe ich geboren war, denn meine Mutter war in diesem Sommer vor meiner Geburt für ein paar Wochen mit dem Rest der Familie in Heiligendamm gewesen.

Der Briefwechsel zwischen Emi und meiner Großmutter brach nie ab. Also stand ich im April 1945 vorm Tor, zog am Glockenstrang und wartete. Ich wurde eingelassen, nach dem Wer und Woher gefragt, und dann ein Lächeln: »Treten Sie doch ein!«

Das Hohe Haus war im ausgehenden Mittelalter eine Wasserburg gewesen. In der Barockzeit ließ es ihre Familie modernisieren, das Lange Haus mit einem Pavillönchen am Ende anbauen und einen Park anlegen. Er war nun etwas verwildert, aber am Ufer des Grenzbachs blühten Pfingstrosen, alle Obstbäume standen in eigenen Rondellen mit Narzissen und Tulpen, in der Efeuwand des Hohen Hauses lärmten Dutzende von Vögeln, und der Ginkgobaum an der alten Schlossmauer stand in Blüte. Und inmitten dieser Frühlingsherrlichkeit ich, verdreckt, abgerissen, ausgehungert.

»Ja – aber sicher können Sie bleiben!« Und dann ein weiß bezogenes Bett und ein Badezimmer mit großen flauschigen Badelaken,

Hainhofen: Unter der Weltesche im Sommer 1945,
die Haare zum Dutt gezwirbelt.

ein Tisch mit weißer Tischdecke und Porzellangeschirr. Ich brach in Tränen aus.

Noch wohnten Ausgebombte im Langen Haus, aber eigentlich war Tante Emi allein. Der einzige Sohn in Russland vermisst, der Mann in amerikanischer Kriegsgefangenschaft. Tante Emi war so fromm, wie es sich für eine Patronatsherrin gehörte, und für die Fronleichnamsprozession wurde vor der Schlossmauer im Schatten eines riesigen Holunderbuschs der Altar aufgebaut. Ich half und fügte mich rasch in den Arbeitsrhythmus des Jahreslaufes ein, hackte Unkraut mit dem einzigen Dienstmädchen, das auch Köchin und Hilfsgärtnerin war, setzte mit ihr Stangen- und Buschbohnen, las die Käfer vom jungen Kartoffelkraut und die Raupen von den ersten Kohlrabi.

Einer nach dem anderen zogen die Ausgebombten wieder in die Stadt, das Haus leerte sich. Im Gemüsekeller wurde frische Erde aufgeschüttet und wartete darauf, dass darin Wurzelgemüse eingeschlagen wurde. Im Eiskeller standen auf den Stangen, die von den Bauern im Winter aus dem Eis auf dem Teich geschnitten worden waren, die Krüge mit Milch und die Schüsseln mit Topfen, die wir von den Bauern gegen eine Flasche Wein oder Schnaps aus dem Weinkeller des Schlosses eingetauscht hatten. Manchmal wanderte ich mit Tante Emi durch die Wiesen am Fluss, um die alte Baronin, Tante Emis Mutter, in ihrem Schlösschen zu besuchen.

In meinen ersten Tagen bei Tante Emi wurden die Winterkleider und -mäntel geputzt, geklopft und in Leinensäcken in den Mottenschränken im Zwischenstock des Langen Hauses verstaut, so wie man das am Ende des Frühjahrsputzes immer machte. In den Schränken hingen schon andere Sachen, Uniformen in Feldgrau und in Schwarz. In Schwarz? Wem hatte denn diese SS-Jacke gehört? »Ach«, sagte Tante Emi, »ich wollte sie schon verbrennen, aber es ist so gutes Tuch. Vielleicht fangen wir lieber mit dem Gästebuch und den Fotos an, bevor die Franzosen oder die Amerikaner hier sind.«

Ihr Mann war SS-General gewesen und hatte Heinrich Himmler oft zu Gast gehabt. Es gab eine große Kiste voller Fotos, wie Heinrich Himmler durch das Tor schreitet, wie sich eine Gesellschaft von Uniformierten im Park ergeht, wie sie in Jagdkleidung vor den Ställen zwischen den Pferden stehen. Das alles landete in der Küche, im Korb mit dem Anmachholz, und brachte in den folgenden Tagen die Milch und die Suppe und drüben im Waschhaus die Wäsche zum Kochen. Es folgten die Seiten aus den Gästebüchern, auf denen angeberisch große Buchstaben und Runen zu finden waren. Und die dicken Umschläge, auf denen stand: »Nach meinem Tod zu vernichten.«

Ich wagte nicht zu fragen. Später, nach Tante Emis Tod, erfuhr ich, dass in den Umschlägen wohl die Liebesbriefe der verschiedenen Freundinnen ihres Mannes gesteckt hatten. Dass er Teile des Grundbesitzes seiner Frau verkauft hatte, um sein gesellschaftliches Leben mit den NS-Cliquen zu finanzieren. Dass er aber seine Stellung dazu benutzt hatte, um die Menschen, deren Namen ihm Tante Emi nannte, vor Verfolgung und Tod zu retten, und dass er viele aus Deutschland hinausgebracht hatte.

Sie selbst blieb einsam, denn viele Nachbarn und auch Verwandte luden sie nun nicht mehr ein. Andere kamen nicht mehr zu Besuch. Ihr Mann kam erst vier oder fünf Jahre nach Kriegsende aus der Gefangenschaft zurück, und als mein Mann und ich ihn bei unserem regelmäßigen Besuch bei Tante Emi zum ersten Mal sahen, elegant wie eh und je, ein Glas Whisky in der Hand, fragten wir: »Wie konntest du das nur tun?«

»Das schien uns damals vernünftig«, antwortete er. »Ich habe gesehen, dass unsere Zeit vorbei ist. Der Adel war zu schwach, zu viel Tradition, zu viel Beschränktheit. Da waren diese jungen Leute, so voller Begeisterung, so energisch, wussten so genau, was sie wollten … «

»Ja – aber … «

»Da war es zu spät. Und ich bin kein Held. Ich hätte so wie Emi sein müssen.«

Er starb bald darauf. Sein Sohn blieb verschollen. Tante Emi lief im grauen Staubkittel durch die langen Flure und ließ im Frühling die Winterfenster herausnehmen und auf den Dachboden bringen und im Herbst wieder einsetzen, ließ die Gemüsebeete umgraben und den Komposthaufen umsetzen, ließ Holz hacken für die Öfen und Silber putzen, das nie wieder benutzt wurde. Dann starb auch sie, und wer weiß, wer heute noch den Weintrauben am Spalier vom Langen Haus die Mullsäckchen überzieht, damit die Vögel nicht an den reifen Beeren picken.

In jenem Frühling 1945 radelten ein paar Soldaten am Schloss vorbei und riefen: »Hängt die weiße Fahne raus!« Das war die deutsche Front. Dann marschierte ein Trupp anders uniformierter Soldaten durch. Das war die amerikanische Front. So kamen in jenem Sommer nach der Praxis des Überlebens im Krieg die Praxis von Garten- und Feldarbeit und dann die Praxis des Überlebens im besetzten Land. Augsburg lag im amerikanischen Besatzungsgebiet, wo es im Allgemeinen streng zuging. Doch die Arbeitsdienstuniform erwies sich als praktisch: politisch ungefährlich, aber auch nicht zivil. Man kam fast wie eine Rote-Kreuz-Schwester durch.

So verdiente ich meine erste Wurst ohne Marken dadurch, dass ich amerikanischen Soldaten, sicher nicht viel älter als ich, in der Dorfschule, in der noch nicht wieder unterrichtet wurde, ein paar Sätze in Deutsch an die Tafel schrieb und einpaukte. Allerdings erst, nachdem Tante Emi mir die Haare zu einer Art Dutt zusammengezwirbelt hatte, »damit du nicht so weiblich aussiehst!« Sie dagegen lernte von mir den neuen Wert der Dinge. Eine gut erhaltene Lederhandtasche gleich eine Räucherspeckseite. Ein Korb Falläpfel aus dem eigenen Garten gleich zwei Sicherungen und drei Glühbirnen. Stehlen gleich organisieren.

Das waren die Sommer- und Herbstwochen in einem Land, in dem kein Krieg mehr stattfand, kein Dröhnen und Grollen von

Kanonen, keine Verdunklung, kein Sausen von Bomben, kein Krachen von zusammenstürzenden Trümmern. Der Himmel war leer und blau, die Nächte hell. Die Welt war still. Noch keine Post, keine Zeitungen, keine Busse, keine Bahn. Man ging zu Fuß. Man zog einen Bollerwagen hinter sich her. Noch gab es keinen Warenverkehr. Man aß, was um einen herum wuchs oder ertauscht werden konnte.

Keine Befehle mehr, keine Lager und Baracken, kein Gemeinschaftsleben, keine Verbote, keine Angst. Stattdessen ein Gefühl der Freiheit wie ein Rausch. Nicht mehr Appell und Meldungen »Arbeitsmaid Schönfeldt!«, sondern die Einsamkeit eines Sonntagmorgens, wenn die Sonne aufgeht und alles frisch und jung ist und duftet, und ich bin ich, ob ich nun Stangenbohnen festbinde oder mit anderen Leuten aus dem Dorf Kartoffelkäfer von den noch blühenden Pflanzen lese. Es ist mein freier Wille, ich kann über mich entscheiden, ich bin eine einzelne Person, und ich kann ins Schlossarchiv gehen und lesen, was Norbert v. Hellingrath über Hölderlin geschrieben hat. Hellingrath, sagte Tante Emi, sei oft zu Gast gewesen und habe unter der Weltesche, wie ich die gewaltige Esche getauft hatte, gesessen und gelesen und geschrieben. So wollte auch ich denken und schreiben können, und als ich Germanistik zu studieren begann, lernte ich, wer dieser Sommergast gewesen war: Von ihm stammt die erste historisch-kritische Ausgabe der Werke von Friedrich Hölderlin. Er fiel 1916 vor Verdun.

Dieser Sommer und die Zeit danach waren auch ein Jahr lang Leben in einer Männergesellschaft, die sich noch nicht wieder um Symbole und Prestige-Attitüden formiert hatte. Männer: Das waren die Alten im Dorf, die das Hakenkreuz aus dem Amtsstempel kratzten, den Pappmaché-Hitler in den Teich warfen und die Fahne verbrannt hätten, wenn die Frauen nicht Schürzen daraus hätten nähen wollen. Etwas später begann der nächtliche Strom der Männer, die trotz *curfew*, der Ausgangssperre zwischen zehn Uhr abends und vier Uhr morgens, trotz oder schon ohne Uniform einen neuen Treck bildeten: den der Heimkehrer, der Untergetauchten, der Versprengten, der *Displaced Persons,* allesamt verhungert, verlaust, dünn und dreckig, Nazis und Offiziere mit abgetrennten Schulterstücken.

Sie trafen sich jeden Abend am Fluss hinterm Dorf. Dort war eine Nachrichtenbörse für Heldenmärchen, Menschen, die einem weiterhelfen konnten, für Abkürzungen und gefahrlose Wegstrecken und den Zustand der Städte, in die die Männer wollten. Alte Zivilkleider wurden genauso gehandelt wie die Tipps, wie man zu einigermaßen legalen Passierscheinen, einer nächsten Übernachtung oder einem Stück Wurst käme. Das war eine Männerwelt ohne Illusionen und Streit um Prioritäten. Einer war abhängig vom andern, Hilfe wurde ohne Hintergedanken gewährt, und wer überlegen war und Schutz geben konnte, der tat es selbstverständlich. Das endete von einem Tag auf den anderen, mit dem letzten Kriegstag.

In diesem Gefühl der Freiheit begann auch meine Heimreise. Sie dauerte viele Tage. Es war ein Treck wie die Flucht, aber alles war anders. Etwas war zu Ende gegangen, und wir wussten noch nicht, was kam. Nachts, in den warmen, stillen Nächten in einer Scheune, in der offenen Tür eines Viehwagens, Beine im Freien baumelnd, wenn man den Nachbarn nicht sehen konnte, stellte man Fragen: »Wo kommst du her? Was hast du gemacht?« Fremde erzählten einander alles. Wir hatten überlebt. Wir wussten, dass der andere aus derselben Vergangenheit kam und uns verstand. Und dann erklangen andere Stimmen aus der Dunkelheit und fragten weiter. Einer hörte dem anderen zu, stimmte ein in den Chor aus namenlosen Stimmen, aus Bekenntnis und Klage, und wir wussten: Wenn wir noch ein Zuhause finden, wenn wir mit anderen zusammen sind, die zu Hause haben bleiben können, werden wir nicht wagen, davon zu sprechen. Und wir wussten auch schon: Das, was wir sagen könnten, will keiner wissen. Vielleicht werden nur wir uns fragen: Warum bin ich verschont worden? Warum gerade ich?

Wir Siebzehn- und Achtzehnjährigen standen damals in unserem Jahr Null. Wir wollten alles besser machen. Wir waren jung genug, um aufzuräumen, schleppen und hamstern zu können. Und das selbstverständlich, mit einem Fleiß und einer Haltung, die keiner theoretischen Moral entsprangen, sondern nur der Notwendigkeit. Wem nützte es, wenn er jammerte? Die Russen, die Zuteilung, der Wiederaufbau warteten nicht. Wer hatte Zeit zuzuhören, wenn man die Fassung verlor? Nicht einmal die Landschaft, durch die wir treckten, verdunkelte sich wie im *Werther* zum mitfühlenden Unwetter: Das Jahr 1945 hatte einen frühen zarten Frühling, einen strahlenden Sommer und einen milden köstlichen Herbst.

Ende September kam ich in Göttingen an. Meine Großeltern hatten seit Ende 1944 nichts von mir gehört und mich für tot gehalten. Auch ich wusste nichts von ihnen und stieg, nachdem ich mit dem ersten für die Besatzungskräfte wieder eingesetzten D-Zug die letzte Strecke hatte fahren können, in der Nacht in Göttingen aus. Ich musste noch Stunden warten, bis um vier Uhr *curfew* endete. Ich ging durch die schlafende Stadt. Nichts hatte sich verändert. Ich stand vor unserem Haus mit der gestreiften Markise im ersten Stock. Ich besaß noch den Hausschlüssel. Ich öffnete die Tür. Drinnen in der großen Halle im Morgendämmer immer noch die ausgestopften Raubvögel an den Wänden. Aber oben, in meinem Zimmer, roch es anders, lag ein Fremder in meinem Bett. Und dann ein Geräusch. Mein Großvater stand in seinem vielfach geflickten Pyjama hinter mir, fluchte: »Wer in drei Teufels Namen macht hier mitten in der Nacht so einen Krach ...« – und dann erkannte er mich. Ich hatte ihn noch nie weinen sehen, wir lagen uns in den Armen, und ich spürte, wie hager und gebrechlich er geworden war.

Der Fremde war ein Student. Für mich wurde eine Bettstatt vom oberen Boden geholt und im Salon meiner Großmutter aufgeschlagen, wo schon ihr Bett stand, denn zu den Ausgebombten und Flüchtlingen und Vertriebenen kamen nun noch die englischen Besatzungssoldaten und zwangen alle, abermals zusammenzurücken. Göttingen war ihre südliche Universität. Alle Seminare, die Aula, die Vorlesungsräume wurden von englischen Soldaten benutzt, die dort verschiedene Übergangskurse absolvierten, damit aus den Soldaten wieder Studenten wurden.

Ich aber wurde wieder Schülerin. Meine Klasse arbeitete ebenfalls seit dem Frühling in Übergangskursen, um das im Oktober 1944 abgebrochene Abitur zu vollenden, und ich hatte Glück: Auf einen Nachzügler kam es auch nicht mehr an. So saß ich, im gesäuberten RAD-Mantel, wieder auf einer Schulbank, paukte wieder lateinische Verben und schrieb Aufsätze über deutsche Literatur. Für alle Fakultäten herrschte Numerus clausus, aber mit diesem Abitur konnte man sich automatisch einschreiben lassen. Und da ich bei den Großeltern gemeldet war, also über einen Wohnsitz und Lebensmittelkarten verfügte, waren alle Voraussetzungen erfüllt.

Die Abiturfeier war das erste Nachkriegsfest. Alle Kurse feierten in einem Gasthaus in einem Dorf jenseits der schon fertigen Autobahn Göttingen–Kassel, auf der jetzt höchstens einmal ein einsames englisches Militärauto fuhr. Wir aßen Kartoffelsalat und tanzten die Nacht unterm Frühlingsmond, und morgens, nach *curfew*, wanderten wir eingehakt auf der Autobahn heim und stellten uns gleich beim Bäcker an, um eins der Maisbrote zu erwischen, die klitschig, schwer verdaulich und die Folge eines Übersetzungsfehlers waren: Briten und Amerikaner hatten die bizonale Wirtschaftszone gegründet, und die Amerikaner der hungrigen Bevölkerung beider Besatzungszonen Brotgetreide zu liefern versprochen. Die Sekretärin des bizonalen Wirtschaftsrates bestellte *corn,* und die Amerikaner schickten Schiffe voller Mais gen Europa.

Meinen Vater hatte ich in Göttingen verpasst. Er hatte sich als DP, *Displaced Person,* registrieren lassen und wollte nach Österreich zurück. Seine Wohnung in Berlin war im letzten Kriegsjahr zerstört worden, seine Frau, kriegsdienstverpflichtet, hatte in einem Fronttheater gespielt. Ihn hatte die Wehrmacht als Sonderführer ins unbesetzte Frankreich, nach Lyon, geschickt, und als die deutschen Truppen die Flucht ergreifen mussten, wurde er an die Ostfront »geworfen«, wie es damals hieß. Doch kaum war er bei seiner Truppe, wurde sie ebenfalls in die Flucht geschlagen.

Er überstand alles, war aber dünn wie ein Zaunpfahl geworden und besaß nichts mehr als zwei Kisten, die er noch zur rechten Zeit von Berlin aus an meine Großeltern nach Göttingen hatte schicken lassen. Zu diesen Kisten marschierte er nun im Frühsommer 1945 wie Millionen anderer quer durch Trümmerstädte und friedliche, stille Landschaften, um endlich zu seiner versprengten Familie zu stoßen. Die aber fand er nicht.

»Wo deine Tochter ist, das weiß keiner«, sagte mein Großvater. »Die letzte Nachricht kam aus Oberschlesien.«

»Und meine Frau?«

»Ach, weißt du das gar nicht? Sie war hier. Sie hat bei uns oben in der Dachkammer ein paar Wochen unterkommen können. Und dann hat sie euer gemeinsamer Freund abgeholt und mitgenommen.«

»Wer?«

»Nun, dieser nette junge Mann aus Schwaben, der Vater ist dort Erbförster. Sie hat für ihr Gepäck den Bollerwagen mitgenommen, der fehlt uns jetzt sehr.«

»Unser gemeinsamer Freund? Ich kann mich gar nicht daran erinnern … «

Aber die Großeltern kannten die Adresse, und mein Vater machte sich, gut ausgerüstet mit Kommissbrot und gehamstertem Käse, wieder auf die Wanderschaft, diesmal nach Süden. Nach etwa vierzehn Tagen erreichte er das Forsthaus tief im Walde, von einer festen Steinmauer umgeben. Er klopfte an das Hoftor, und nach einer Weile öffnete ihm eine große stattliche Frau ganz im Witwenschwarz. Er nannte seinen Namen und sagte, dass er seine Frau suche, die hier untergekommen sein sollte.

»Ihre Frau? Wir haben hier nur eine Comtesse.«

»So«, fragte mein Vater verwirrt, »sollte das meine Tochter sein?«

In diesem Augenblick öffnete sich hinter den beiden eine Tür, und Gudrun, die Frau meines Vaters, kam heraus, sah meinen Vater und rief: »Ach Gott, Charley, musst du ausgerechnet heute auftauchen.«

Heute – das war der Tag, an dem sie sich mit dem gemeinsamen Freund, dem Sohn des kürzlich gestorbenen Erbförsters, verloben wollte. Das Fest war angesagt worden und das Haus voll, auch weil es anständige Braten gab. Die amerikanischen Besatzungssoldaten karjohlten mit ihren Jeeps durch den Wald, schossen aus dem fahrenden Wagen heraus und kümmerten sich nicht darum, ob und wie und was sie getroffen hatten. Der Jäger folgte ihnen auf ihren Wegen, und so geriet das Fleisch in Topf und Bratröhre.

Mein Vater bekam den Ehrenplatz neben der Försterwitwe und pries ihr, die die Verlobung nun nicht mehr stattfinden lassen wollte, seine Frau in so hohen Tönen an, dass sie schließlich fragte: »Wenn sie so gut ist, wie Sie sagen, warum behalten Sie sie nicht?«

Ja – warum nicht? Ich weiß nicht, wie sehr mein Vater Gudrun wirklich geliebt hat. Auf jeden Fall hatte wie bei vielen Ehen die Zeit des Krieges für eine Lockerung der Bindung gesorgt. Außerdem hatte mein Vater in Paris eine Französin kennen und lieben gelernt und ihr, die der Résistance angehörte, unter abenteuerlichen Umständen das Leben gerettet.

»Ach«, sagte er viele Jahre später zu mir, »wenn ich gewusst hätte, dass Gudrun längst mit einem anderen zusammen war ... «

Er hatte es nicht gewusst, aber es gab eben keine nennenswerte Bindung mehr an Nr. Zwei. So gelangen ihm in dieser Nacht in Schwaben Übergabe und Abschied von Gudrun. Sie wurde Frau Erbförsterin. Mein Vater tauchte mit einer Speckseite und einer Salami aus Wildfleisch wieder in Göttingen auf, ließ sich mit dem nächsten UNRRA-Transport, von der *United Nations Relief and Rehabilitation Administration*, einer UN-Organisation zur Repatriierung von *Displaced Persons*, nach Salzburg bringen, fand ziemlich rasch Arbeit beim gerade gegründeten Sender Rot-Weiß-Rot und ließ sich von Nr. Zwei scheiden. Jahrzehnte später bekam er einen Brief von ihr: »Charley, du musst uns helfen!«

Der Erbförster war ein hohes Tier in der christlichen Partei geworden und wurde nun wegen Bigamie seiner Ehefrau erpresst. Die Scheidung, in der ersten Nachkriegszeit in Österreich nach Besatzungsrecht ausgesprochen, war nicht gültig, so dass mein Vater zu den sicher wenigen gehörte, die sich zweimal von derselben Frau haben scheiden lassen.

Wenn mein Vater gewusst hätte, welche Not-Adressen meine Großmutter mir mit auf die Fahrt in den Arbeitsdienst gegeben hatte, so wäre ihm vielleicht eine aufgefallen, und er wäre nicht gleich nach Norden, nach Göttingen, sondern ein paar Kilometer nach Osten durch den Wald gegangen. Dort hätte er mich beim Himbeerpflücken treffen können oder im Gemüsegarten oder beim Holzhacken vorm Waschhaus. Wer weiß, wie dann sein Leben und mein Leben weitergegangen wären.

Studienbuch Nr. 206

So begann für mich im Frühjahr 1946 das Studium in Göttingen. Voraussetzung war allerdings der Nachweis einer Arbeit für den Wiederaufbau der Universität. Die Jungen wurden für den Bau der Burse, eines Studentenheims, eingeteilt, und die Mädchen halfen beim Rücktransport der Bücher aus der Universitätsbibliothek, die ausgelagert worden waren. Es war eine öde Arbeit, aber sie war notwendig.

Im Mai erhielt ich das Studienbuch Nr. 206, das »nach Erziehungs-Anweisung Nr. 5 der Militärregierung überprüft und zugelassen« war. Die Aufnahmegebühr betrug dreißig Reichsmark, die erste Pflichtuntersuchung – wegen Tuberkulose – war gratis, und für jede Vorlesungs- oder Übungsstunde wurden fünf Reichsmark Unterrichtsgeld berechnet. Hinzu kamen die Studien- und Wohlfahrtsgebühr. Insgesamt musste ich 192 Reichsmark zahlen.

Die feierliche Immatrikulation fand im Festsaal des alten Universitätsgebäudes statt. Die Professoren zogen wie von alters her im traditionellen Prunk der prachtvollen Talare ein. Draußen lag Sonnenschein auf den roten Dächern, drinnen hingen die Porträts der Rektoren seit Gründung der Universität so dicht gedrängt wie zu Hause die Bilder der Ahnen, und sie trugen wie diese dunkle Röcke und lange Pelzkragen.

Unsere Vorlesungen fanden in den Räumen und Seminaren statt, die nicht von den Engländern beansprucht wurden. Alle waren überfüllt. Wir saßen auf Treppenstufen und Fensterbänken und schrieben auf den Knien mit, denn noch gab es keine Lehrbücher. Viele trugen die notdürftig mit anderen Knöpfen und trachtenmäßigen Biesen und Applikationen zivilisierten Uniformjacken und Mäntel ohne Schulterstücke, und in den ersten Reihen saßen die Verwundeten,

Göttingen: Georgia-Augusta-Universität Göttingen.
Einzug der Professoren zur Immatrikulationsfeier, 1947.

der leere Jackenärmel mit einer großen Sicherheitsnadel am Ober-
körper festgesteckt, junge Männer noch ohne Prothese für das abge-
schossene Bein, mit Krücken, die wie selbstgezimmert aussahen, Blin-
de mit einer Krankenschwester an der Seite, die für sie mitschrieb.

Noch herrschte das Verbot der *fraternisation*, aber wir kümmerten uns nicht darum. Wir hörten bei den englischen Vorlesungen ebenso mit wie die englischen Studenten bei uns, und genauso
offen war auch die Grenze zwischen den Fakultäten: Die Philosophen saßen ebenso wie die Mediziner in den Vorlesungen, die sie
interessierten. Ich hörte Germanistik und Kunstgeschichte, hörte
aber auch Hermann Heimpels historische Vorlesungen und begleitete meine Juristenfreunde zu einem Seminar über Kriminalistik
»mit der Vorführung echter Verbrecher«. Die Jurastudenten wiederum kletterten mit uns Kunstgeschichtlern auf einen der Ruinen-
türme der Michaeliskirche in Hildesheim und blickten auf die Trümmer des Langhauses und des Daches, und unser Professor sagte: »Sie
werden nie wieder diese Gelegenheit haben, das technische Bau-
prinzip einer romanischen Kirche mit eigenen Augen studieren zu
können.«

Jeden Nachmittag um vier wurden in der Nähe Göttingens rest-
liche Munitionsvorräte der Wehrmacht gesprengt. Es wummerte,
dass die Scheiben schepperten, wir duckten uns mechanisch, während wir weiterschrieben, und legten die linke Hand zum Schutz auf
den Schädel. Keiner von uns spürte das Bedürfnis zu erklären, warum
er so reagierte und was hinter ihm lag. Manchmal gab es einen Anlass,
doch ich kam nie sonderlich weit. »Nun hör bloß auf mit diesen
Geschichten …« hieß es oder: »Gib doch nicht so an! So schlimm
wird es schon nicht gewesen sein!«

Meine Großeltern haben nie gefragt, und ich wusste: Meine Großmutter hätte es sich nie vorstellen können, und für meinen Großvater
war ich der Soldat gewesen, und das Soldatenleben war sein Beruf.

Deshalb dachte er, er müsse nicht fragen. Er ahnte nicht, wie sich sein Beruf in diesen sechs Jahren verändert hatte.

Irgendwann im Frühsommer 1946 bekam ich eine Postkarte von der Baronin, der Mutter von Tante Emi. »Komm bitte zu mir, mein liebes Kind. Es gibt Wichtiges zu besprechen.« Dann folgte der genaue Termin mit Zeitangabe. Ich fuhr tatsächlich. Bahnfahrten mussten noch beantragt werden, und zwischen britischer und amerikanischer Zone gab es scharfe Grenzkontrollen, aber ich fuhr. Tante Emi und sie waren ein Teil meiner Familie geworden.

Die alte Baronin war klein und zierlich und trug, wie damals alle Witwen, nur Schwarz. Sie wohnte allein in ihrem Haus, das sie das Schloss nannte, weil es eine eigene Barockkapelle hatte. Es lag auf der anderen Seite des Baches, der die Grenze zu Tante Emis Besitz darstellte, und es war ein kurzer Weg von ihr zur Mutter. Während des Krieges hatten auch bei ihr ausgebombte Familien aus Augsburg in den Salons, den Kinderzimmern und im Speisezimmer gewohnt. Die Möbel waren in ihre restlichen beiden Zimmer geräumt worden, so dass sie wie in dem Möbellager eines Museums hauste. Sie arbeitete daran, hinter jedes Gemälde und jedes Möbelstück einen Zettel mit den Namen derer zu kleben, die es erben sollten. Die Tisch- und Leibwäsche war bis auf das wenige für den Tagesgebrauch gebündelt oder in Laken eingeschlagen und ebenfalls beschriftet.

Sie war leidenschaftliche Preußin und betrachtete »die Angehörigen anderer Volksstämme« als Faulenzer. »Ein preußischer Morgen ist ein bayerisches Tagwerk, das sagt alles!« verkündete sie von Zeit zu Zeit. Sie hatte einen Gärtner, der sicher noch ein halbes Jahrzehnt älter war als sie und immer noch Kartoffelacker, Park, Rosen- und Gemüsebeete in Ordnung zu halten versuchte. Sie merkte, dass er es nicht mehr so recht schaffte, und stand deshalb morgens zwischen vier und fünf Uhr auf, setzte sich ihre

Leinenhaube auf und jätete, beschnitt und hackte, bis er um sieben zu seiner Arbeit kam.

Eines Nachts hatte es geregnet. Die Holzbohlen, die über den Schlossgraben zum Garten führten, waren glitschig, und die alte Baronin rutschte aus und fiel in den Graben. Sie lag bis sieben Uhr im eiskalten Wasser, bekam eine Lungenentzündung und hatte sich beim Sturz den Schenkelhals gebrochen. Sie wurde in das Hospital transportiert, und als ihre Tochter sie das erste Mal besuchen durfte, sagte sie zu ihr: »Der Arzt hat mir zu verstehen gegeben, dass ich das hier kaum überleben werde. Du weißt, wo mein Testament liegt, und ich möchte dich bitten, die bezeichneten Sachen zu denen zu tragen, für die ich sie bestimmt habe.« Die Tochter gehorchte, aber die alte Baronin wurde wieder gesund. Und Tante Emi musste vor allem die handgenähten Unterhosen und die Batisthemden mit den Biesen wieder einsammeln.

Als ich sie drei oder vier Jahre später, im Sommer 1945, kennenlernte, ging sie am Stock, aber flink wie ein Wiesel und schaute mir streng und schweigsam zu, wie ich für sie jätete und hackte und beschnitt, bis sie überzeugt war, dass ich es ihr recht machte. Dann humpelte sie ins Haus.

Ich reiste also zu ihr, und sie erwartete mich in ihrem Fauteuil im Salon, der noch genauso vollgeräumt war wie im Jahr zuvor. In der hintersten Ecke saß ein junger Mann, dunkle Haare, dunkle Augen, wütendes Gesicht. »Das ist mein Enkel, er wird einmal alles erben. Du weißt ja nun auch damit Bescheid. Also: Verlobung am nächsten Sonntag, den Hochzeitstermin am besten noch in diesem Jahr. Wer weiß, wie lang ich noch lebe.«

Ich stand wie erstarrt. Ich wusste nicht, was tun oder sagen. Da fauchte mich der junge Mann schon an: »Das ist alles Ihr Machwerk! Sie hinterlistige Person! Sie haben das eingefädelt!«

»Ich arbeite gerade an einem Referat über Veit Stoß«, stammelte ich, »und ich denke nicht daran, Sie zu heiraten. Ich will niemanden heiraten. Ich will …« Und dann dachte ich: Warum streiten? Und ehe er wieder Luft holen konnte, hakte ich ihn ein und sagte zu der Baronin: »Ich glaube, wir machen jetzt einen schönen langen Spaziergang am Fluss entlang.«

Schon waren wir aus dem Haus, schon konnten wir gar nicht schnell genug reden und uns gegenseitig versichern, warum wir uns ganz bestimmt nicht heiraten wollten. Er war in jemanden verliebt, ich auch, vor lauter Lebenslust ohnehin alle vierzehn Tage in einen anderen, und weil ich lernen und denken und lesen und nicht gleich wieder Kartoffeln und Zuckerrübensirup kochen und alltags durch zugige Schlossflure laufen und sonntags oben auf der Empore auf der Patronatsbank sitzen wollte, kam Heiraten gar nicht infrage.

Aber er kannte auch die Hölderlin-Texte im Schlossarchiv. Er machte eine Bibliothekarsausbildung. Wir schätzten dieselben Autoren, und er hat bis zu seinem Tode nicht aufgehört, meine Lesewelt streng zu ordnen und zu ergänzen, und ich war nun keine hinterlistige Person mehr, sondern die liebste Cousine.

Wir kehrten in bestem Einvernehmen und nun wirklich freundschaftlich eingehakt zu seiner Großmutter zurück, und sie dachte, nun sei alles viel besser, als sie es sich erträumt hatte.

Es war immer noch Sommer, ein Sommer voll Sonne, und jede Fakultät feierte Feste. Wir tranken Bowle, die hauptsächlich aus Wasser bestand, wir tanzten in den Abendkleidern unserer Mütter oder Großmütter, wir diskutierten, wir rauchten Navy Cut, die uns die englischen Studenten anboten, wir entwarfen jeden Tag eine andere und bessere Weltregierung und bildeten uns ein, wir könnten das alles verwirklichen.

Und den ganzen langen Sommer begleitete uns die leise Stimme des Philosophen Nicolai Hartmann, der über die Ethik las. Was ist Gut und Böse? Was ist das Gewissen? Wer bin ich? Was müssen wir fürchten, was können wir hoffen? Und es wurde mir klar, was für Barbaren wir geworden waren, auch: dass uns etwas fehlte, dass wir Neues brauchten, Anderes. Vielleicht etwas, das wir in dieser Ausstellung sahen, zu der mich ein Kommilitone mitgenommen hatte.

Eine Ausstellung in der Altstadt. Ich weiß nicht mehr, wie sie zustande gekommen war. Aber ich weiß noch genau, was ich gesehen habe: die bleichen, stillen Gestalten von Karl Hofer, Farbexplosionen von Karl Schmidt-Rottluff, lauter spinnedünne Halbmonde, aus denen Paul Klee ein lächelndes Gesicht machte. So etwas hatte ich noch nie gesehen. Hofers Menschen waren wie wir: beschädigt, bar von allem, ohne Vergangenheit und noch ohne Zukunft. Die abstrakten Farben der anderen Maler wie ein Feuerwerk aus Hoffnung – so sollte das Leben sein. Es war wie ein Schock und für mich eine neue Erfahrung: die Liebe zu diesen Bildern.

Etwas später der nächste Schock: eine Bahnfahrt nach Wiesbaden, die die ganze Nacht dauerte, dann ein Tag lang in einer Villa, die die Amerikaner beschlagnahmt hatten und nun als *Collecting Point* benutzten: Gesammelt waren hier die von den Nazis gestohlenen Gemälde, die bis zu diesem Sommer 1946 von britischen oder amerikanischen Spezialoffizieren schon wieder entdeckt worden waren. Das Wort »Raubkunst« gab es noch nicht. Bevor diese Schätze den Eigentümern oder Museen zurückgegeben wurden, konnte man sich in Wiesbaden – und auch in München – anschauen, welche gewaltigen Raubzüge den gesamten Kunstbestand in Europa durcheinandergebracht hatten. An den Wänden hingen sie nun dicht an dicht: die schönen Italienerinnen von Feuerbach, Botticellis Illustrationen zur *Göttlichen Komödie,* eine Silberstift-Madonna von Grünewald und die Kissen, die sich Dürer so zerknuddelt hatte, dass er ihren Faltenwurf studieren und zeichnen konnte. Und dann in der Mitte eines leeren Zimmers, auf einem Küchenstuhl, die Nofretete, nur von einer Art Laufställchen aus Wäscheleine umspannt.

Noch war alles knapp, noch gab es Lebensmittelkarten, noch war Schwarzhandelsware wichtiger als Geld, aber man musste es trotzdem haben. Die Pension meines Großvaters war wie die aller Offiziere von der Besatzungsmacht eingefroren und sein Geld in den USA als Feindvermögen beschlagnahmt. Zum ersten Mal musste ich einspringen. In den Schuljahren hatte ich mir mit dem Bemalen von Spanschachteln Geld verdient. Eine davon war in die Hände der Ehefrau des englischen Kommandanten geraten. Sie fand sie so *typical German*, dass ich die Produktion auf Sets für Esstische umstellte, ließ Röcke schwingende Bäuerinnen mit Lederhosenburschen tanzen und malte die Lücken mit Edelweiß und Enzian aus. Es war ein gutes Geschäft. Andere verdienten besser. Die Studenten, die östlich von Göttingen zu Hause waren, kannten Jagdpfade und uneinsehbare Waldwege. Noch gab es keinen Grenzzaun zwischen der russisch und britisch besetzten Zone. Noch konnten sie die Heimkehrer, Flüchtlinge und Hamsterer auf ihrem Weg von Westen nach Osten und von Osten nach Westen an den russischen Grenzposten vorbeiführen. Mir blieb das tanzende Bauernvolk, dazu erste Übersetzungen, die uns über die Krise brachten.

Zwei Semester in Göttingen, dazwischen der kälteste Hungerwinter, den wir je erlebt hatten, dann der Wunsch, die Universität zu wechseln. Meine Großmutter hasste die Vorstellung, dass ich sie verließ. »Warum willst du denn überhaupt studieren? Warum willst du weg? Eine Tochter gehört ins Haus! Deine Mutter ist schließlich auch bei uns geblieben, bis sie geheiratet hat. Es kann doch alles so bleiben, wie es ist. Wenn Opi erst einmal wieder Pension bekommt, reicht das auch für drei.«

Ich aber blieb fest. Ich hatte dreitausend Reichsmark gespart und hängte in der Universität einen Zettel mit einem Tauschangebot für einen Studienplatz ans Schwarze Brett. Das einzige Angebot kam aus Hamburg.

Straßen, in denen
es keine Laternen gab

In dem Biedermeierhaus, in dem Sophie meinen Großvater Elli kennengelernt hatte, war eine Dachkammer frei, für dreißig Reichsmark im Monat. Ich kannte in Hamburg niemanden, aber mein Großvater hatte einem Vetter und einer Cousine Briefe geschrieben. Er wusste nicht, ob sie noch lebten, ob ihre Häuser noch standen, aber er hatte mich bei ihnen angekündigt und sagte, sie würden sich sicher bei mir melden und mich einmal zum Essen einladen.

Mir war erst einmal anderes wichtig. Ich hatte mir ausgerechnet, wie viel ich im Monat mindestens dazuverdienen musste, denn noch gab es keine Studienbeihilfen. Nur Landeskinder, also gebürtige Hamburger, konnten eins der wenigen Stipendien beantragen. Alle anderen mussten sich nach den einzelnen Vorlesungen zu Semesterprüfungen anmelden. Wer bestand, dem wurden die Vorlesungsgebühren erlassen, aber das sparte nicht allzu viel. Ganz in meiner Nähe war das Akademische Hilfswerk, AkHi genannt, untergebracht, das Studenten wie mir Arbeit vermittelte. Ich stellte mich dort vor und fragte jeden Morgen, ob sie etwas für mich zu tun hätten, bis ich eines Tages in den Harvestehuder Weg geschickt wurde, wo Leute eine Frauenillustrierte planten.

Das Haus war eine halbe Ruine, aber im Wintergarten qualmte ein Kanonenofen zum Fenster hinaus, und sechs oder sieben Männer und Frauen saßen in dicken Wintermänteln um einen Gartentisch herum und überlegten, wie sie ihr Blatt nennen sollten. Vielleicht *Constanze*? Die erste Frage, die mir gestellt wurde: »Können Sie Schreibmaschine schreiben?«, und ich antwortete bedrückt: »Nein ... « Auf dem Gartentisch stand ein solches

Hamburg: Nach dem Zweiten Weltkrieg führten die Wege zu den Vorlesungen durch Trümmer.

Gerät, vermutlich Baujahr 1920 oder 1930. »Darauf können Sie üben!«

Weil das Papier noch knapp war, wurden ich und andere Studentinnen erst einmal losgeschickt, die Leute auf den Straßen zu interviewen, woher sie kamen, was sie machten und wie sie wohnten. Doch der Bedarf an unserer Arbeit schwand rasch, weil unter den heimgekehrten Emigranten und Soldaten und entlassenen Kriegsgefangenen allmählich genug gelernte Journalisten waren. Doch das AkHi vermittelte weiter. Ich bügelte Herrenhemden für siebzig Pfennig die Stunde, führte Hunde aus, tuschte schwarz-weiß gedruckte Hamburger Stadtpläne rot (Dächer) und grün (Bäume) an und hatte kurze Zeit eine einträgliche, aber so gefährliche Arbeit, dass lieber kräftige Studenten dafür ausgesucht wurden: Lebensmittelkarten zu den Verteilern zu transportieren. Die Karten steckten in festen Ledermappen. Wir machten immer zu Zweit die Runde und hielten jeden kräftigen Entgegenkommenden für einen Räuber, der uns überfallen und mit den Karten auf dem Schwarzmarkt Millionen machen konnte.

Ein wahres Schwarzmarktgeschäft blühte bei mir im Haus. Im ersten Stock wohnte ein Ehepaar, in dessen Zimmer es immer nach echtem Kaffee duftete und die Teppiche dreifach aufeinanderlagen. Man konnte bei ihnen alles bestellen, wovon man träumte, sofern man genug Geld hatte. Manchmal kam der Mann mit einem dicken Briefumschlag zu mir herauf und sagte: »Du weißt doch, man kann unten bei uns die Zimmertür nicht ordentlich abschließen. Dies sind wichtige Papiere, und wir müssen ein oder zwei Tage verreisen. Versteck sie irgendwo bei dir.«

Ich schob sie meistens unter das Anmachholz, das ich auf der Decke über meiner Mansarde gestapelt hatte, und wenn unten die Hauswirtin jammerte: »Schon wieder die Polizei im Haus und eine Razzia bei diesem netten Ehepaar! Ich weiß wirklich nicht, was ich davon halten soll!«, so bezog ich das höchstens auf Schwarzmarktzigaretten und Ähnliches, aber gewiss nicht auf die versteckten »wichtigen Papiere«.

Zur Belohnung wurde ich meist zu einem so üppigen Mittagessen eingeladen, dass mir noch Tage danach schlecht war. Später, nach Jahren, erfuhr ich, dass unser nettes Ehepaar Schweden und Amerikaner durch Hamburg zu führen pflegte und ihnen Trümmergrundstücke verkaufte, mit gefälschten Papieren, für ausländische Währung und bar auf die Hand. Sie packten ihre Teppiche rechtzeitig ein und zogen in die amerikanische Besatzungszone. Er kaufte eine US-Lizenz, baute von seinem Trümmergrundstücksgeld eine Kunststofffabrik, wurde reich und starb als vielfach mit Orden geehrter Wohltäter seiner Gemeinde.

Das »nette Ehepaar« schenkte mir manchmal ein Tütchen Tee, damit ich mich nachts beim Lernen wachhalten konnte, denn ich war im dritten, dann im vierten Semester, und zur Germanistik gehörten Vorlesungen und Übungen über gotische, althochdeutsche und mittelhochdeutsche Sprache und Literatur, und das bedeutete, wie in der Schulzeit Vokabeln zu pauken. Die entsprechenden Grammatiken waren in der Universitätsbibliothek immer ausgeliehen, und weil es noch keine neuen Bücher gab, kursierten hektographierte Exemplare, und man musste versuchen, sich in den Rhythmus einzuordnen, nach dem diese nächte- und tageweise von einem zum anderen wanderten. Alle Termine mussten passen. Die Vorlesungen, die Lernzeiten und das Geldverdienen. So war ich für den Tee dankbar, denn der Schlaf kam oft zu kurz.

Studenten bekamen vom AkHi besser bezahlte Angebote. Arbeit im Hafen, Schichtarbeit beim Trümmerräumen. Ein Freund von der Theologischen Fakultät wurde Nachtwächter in einer Fabrik und unser aller Rettung im nächsten kalten Winter. Seine Pförtnerloge war Tag und Nacht voll geheizt. Also besuchten wir ihn möglichst jeden

Abend, setzten uns auf den Fußboden und schrieben unsere Referate oder paukten gotische Grammatik, schliefen zwischendurch ein Stündchen, tranken Tee, um wieder wach zu bleiben und gingen morgens gleich in die erste Vorlesung.

Einmal fragte ein Student, der sich in der Vorlesung über den jungen Goethe immer neben mich setzte: »Wollen Sie nicht mitkommen und eine Suppe mit uns essen?« Wir – das war die katholische Studentengemeinde, die damals ebenso wie die anderen studentischen Verbindungen ein soziales Netz für alle war, die kein Zuhause, keine Eltern, kein Geld mehr hatten. Die Gemeinde war bei den Jesuiten untergebracht, die neben ihrem Haus ein Studentenheim bauten. Jeden Mittag kochte einer im Keller im ehemaligen Waschkessel eine Suppe, und ich wurde mit den Worten begrüßt: »Komm und iss mit uns! Du musst deshalb nicht am Sonntag in unsere Kirche kommen.«

Einer der Patres war Pater Wulf, P. W. von denen genannt, die eben noch die PWs, *Prisoners of War*, gewesen waren. Er musste für viele die Rolle des Vaters ertragen, ob er es wollte oder nicht. Das lag nicht nur daran, dass die meisten keine Väter mehr hatten – die waren gefallen oder vermisst, noch nicht wiedergefunden oder durch die Zonengrenzen unerreichbar. Es lag daran, dass wir jemanden brauchten, der uns Antworten auf Fragen geben konnte, die sich uns im Lauf der Zeit stellten, zum Beispiel: Was hatten jene in der Nazizeit gemacht, die jetzt unsere Lehrer waren? Viele von uns waren verunsichert. Ich war zudem von der Großstadt erschreckt, die so ganz anders war als das Hamburg aus den Geschichten meiner Großmutter Sophie. Die Wege von einer Vorlesung zur anderen führten über Trümmer oder zwischen Ruinen hindurch. Die Wege waren lang, denn die Vorlesungen fanden dort statt, wo ein entsprechend großer Vortragsraum heil geblieben war. An den Wintertagen mit ihrer kurzen hellen Zeit führten die Wege durch Straßen, in denen es noch keine Laternen gab oder wegen der Stromsperre Finsternis herrschte.

Dann schickte mir der Vetter meines Großvaters eine Postkarte und lud mich zu sich ein. Vetter Johannes war als junger Mann mit den Segelschiffen seines Vaters in die Außenstellen der Handelsfirma gereist, nach Südamerika und in die Fernen Osten. Von überall her hatte er Samen oder Pflanzen mitgebracht, die im Park an der Elbe heimisch wurden. Als ich ihn das erste Mal besuchte, führte er mich von einer Pflanze zur anderen und erzählte, wie er sie gefunden und wann er sie gepflanzt hatte.

Vetter Johannes war schon ein alter Mann, zart und leise, die Augen durch einen grünen Schirm geschützt, und sein Vaterhaus, Biedermeier, weiße Marmorgöttinnen in hellblauer Nische, war wie alle Häuser voller Ausgebombter und Flüchtlinge. Er kampierte im ehemaligen Salon, der durch quer gestellte Kommoden und Schränke in Wohn- und Schlafzellen eingeteilt war. Durch eins der sperrholzverkleideten Fenster führte das Rohr der schuhkartongroßen Kochhexe nach draußen. Im Licht der einzig heilen Fensterscheibe stand ein Schreibtisch, hochbeladen mit Büchern, Papieren und Fotografien. »Du studierst Kunstgeschichte? Dann sieh mal hier, diese *nature morte* … «

Sein Vater gehörte zu den Hamburger Bürgern, die der Kunsthalle bei ihrer Gründung Gemälde gestiftet hatten. »Hast du das Jagdbild mit den Hasen in der Kunsthalle gesehen? Nein? Dann schau es dir an!« Vetter Johannes wusste genau, in welchem Saal es hing, und als ich wieder bei ihm zu Besuch war, fragte er: »Nun? Und?«

»Schlecht erhalten, müsste gereinigt werden, irgendwie brüchige Leinwand … «

Ja, das Bild habe bei ihnen im Esszimmer gehangen, und seine Geschwister und er hätten immer mit der Zwille nach den Hasen geschossen, bis es ein Loch gab. Da sei dem Vater die Geduld gerissen, und er habe das Bild gestiftet, genauso wie den Pfannekuchen. Das war ein kleines niederländisches Gemälde einer Küchenszene. Eine junge Frau hält lächelnd einen dicken goldenen Pfannkuchen in die Höhe, in den jemand, sicher der Junge, der neben ihr lehnt, zwei Augen und einen runden lachenden Mund hineingefressen hat, für Kinder nichts als eine Aufforderung, es beim eigenen Pfannekuchen nachzumachen.

Die nächste Einladung kam von Tante Cissy. Sie wohnte ganz in meiner Nähe, und sie hatte, wie sie sagte, meine Mutter sehr geliebt. So lud sie mich nun an jedem Sonntag zum Mittagessen ein, damit ich wenigstens einmal in der Woche etwas Warmes in den Magen bekäme. Das kleine Stück Fleisch, das es manchmal zu Wurzeln und Kartoffeln gab, hatte sie sich sicher von ihren Fleischmarken abgeknapst. Sie wohnte mit ihrer alten Dienerin kärglich in einem Zimmer und zwei Schlafstübchen, gekocht wurde im Badezimmer auf einem wackligen Elektroherd. Ich glaube nicht, dass sie Verbindungen zum Schwarzmarkt hatte.

Tante Cissy war, wie meine Großmutter Sophie immer wieder erzählt hatte, die schönste Frau von Hamburg gewesen, mit Perlenketten wie die russische Zarin, mit dem prachtvollsten Pferdegespann vom Harvestehuder Weg. Sie hatte einen jüdischen Bankier geheiratet, der den größten Teil seiner Impressionistensammlung ebenfalls der Kunsthalle gestiftet hat. So waren die Bilder gerettet, als die Nazis Jahrzehnte später – und nach seinem Tode – Tante Cissy aus der Villa am Harvestehuder Weg warfen und die Bank arisierten. In den wenigen Möbeln, die sie damals hatte mitnehmen dürfen, lebte sie nun.

Und dann war plötzlich ihr Sohn da. Er saß, als ich zu meinem sonntäglichen Besuch zu seiner Mutter kam, auf der zweitobersten Treppenstufe und rauchte. »Ich bin George«, sagte er, »Mama kann es nicht ausstehen, wenn man im Salon raucht.« Er war mit seiner Schwester Elsa heimgekommen, und nach und nach erfuhr ich seine Geschichte.

Sie hatten in den 1930er Jahren zu lange gezögert, Nazideutschland zu verlassen. Sie wollten ihre Mutter nicht ungeschützt und allein zurücklassen, wollten sie mit in die USA nehmen, aber sie weigerte sich, den Kindern zur Last zu fallen. »Ihr beiden kommt leichter durch«, hatte sie gesagt.

Das freilich bedeutete überstürzte Flucht, Verhaftung trotz vollständiger Papiere, Lager am Fuß der Pyrenäen. Warten auf die Möglichkeit, ins neutrale Portugal zu kommen, Suche nach einem Land, das sie noch einreisen ließ, weil die US-Visa abgelaufen waren. Schließlich der Erfolg: Kuba. Doch so offen der Inselstaat für alle Flüchtlinge aus Europa war, so hoch der Preis für neue Papiere, und da die sogenannte Reichsfluchtsteuer, die jeder jüdische Emigrant an den deutschen Staat zu zahlen hatte, genauso hoch war wie das Vermögen, das die Nazis ihnen gelassen hatten, fing ein neues Warten auf die Hilfe ausländischer Freunde an. Irgendwann durften sie in die USA einreisen und wohnten in den Sommerhäusern ihrer Freunde oder von Georges Geschäftspartnern in Florida. »Das war damals nur Wind und Sand. Der einzige Ort, an dem kein Sand knirschte, war das Innere der Konservendosen.«

Nun wieder zu Hause im zerbombten Hamburg mit den Fragen: Wer lebte noch? Welche Häuser standen noch? Wer war im KZ gewesen? Wer war nicht zurückgekommen, wollte nie wieder nach Deutschland? George hatte Glück. Sein Partner hatte in den Nazijahren die Familienbank weiterführen dürfen und gab ihm später alles getreulich auf Heller und Pfennig zurück.

Schließlich bekam ich vom AkHi ein Angebot, das ich für solide hielt. Versicherungsvertreter mit der festen Garantiesumme von fünfzig Reichsmark im Monat. Hinzu käme, wie man mir erklärte, die Provision für jeden neuen Vertragsabschluss. Mein Gebiet umfasste einen Teil von St. Pauli, und ich kassierte die Monatsbeiträge in Häusern, die nur noch aus zwei oder drei bewohnbaren Kellerräumen bestanden oder von denen das oberste Geschoss an zerschossenen Etagen vorbei nur über eine Leiter zu erreichen war.

Dann kam die Währungsreform. Mein inzwischen auf zweitausend Reichsmark geschrumpftes Erspartes war nur noch zweihundert D-Mark wert, so auch alles andere. Ich musste also an jeder Haustür sagen: »Jetzt ist Ihre Versicherung nur noch ein Zehntel wert« und sollte sofort eine neue auf D-Mark-Basis verkaufen. Eine einzige Frau, die mit vier kleinen Kindern in einem Zimmer voller Betten hauste und sicher im achten oder neunten Monat war, schloss für dieses Ungeborene eine Lebensversicherung ab. Alle anderen knallten mir schon nach den ersten Worten die Tür vor der Nase zu.

Mitfühlend waren nur die Prostituierten, die auch zu meinen Kunden gehörten. Sie fragten mich, was ich verdiente, und sie lachten sich halbtot, als ich die Summe nannte. Sie sagten: »Sei doch nicht blöd. Mach's wie die anderen! Wir haben nebenan im Haus eine Medizinstudentin. Die verdient mindestens zweihundert Mark pro Nacht!«

Als ich sagte, ich sei aber Germanistin, und das läge mir nicht, luden sie mich zum Trost zum Kaffee ein und schenkten mir einen Apfel für den Heimweg.

Es kam ein Brief von meinem Vater. Er habe sich in Wien etabliert, ein drittes Mal geheiratet, und nun könne er endlich für mich sorgen. Ich solle kommen, ich könne bei den neuen Schwiegereltern wohnen und in Ruhe zu Ende studieren.

Ich glaubte ihm. Ich erhielt von meinem Germanistikprofessor Ulrich Pretzel ein Dissertationsthema. Da ich nun in Österreich weiterstudieren würde und über Lyrik gearbeitet hätte, sollte ich mich auf das Werk von Josef Weinheber konzentrieren.

Ich exmatrikulierte mich, brach mir im eisigen Februar auf dem Glatteis beide Knöchel vom linken Schien- und Wadenbein, landete im Fünfundzwanzig-Betten-Saal eines Krankenhauses, neben der Klofrau vom Bahnhof Altona. Sie zeigte mir, wie man Zigaretten für den Schwarzmarkt herstellt: das Papier zu neun Zehnteln mit einer Art Heu stopfen und nur oben eine Schicht echten Tabaks aus den Tschick der englischen Zigaretten der Besatzungssoldaten einfüllen, die die Klofrau im Bahnhof vom Fußboden aufgeklaubt hatte. Ich lag in meinen Kleidern im Klinikbett, in denen ich eingeliefert worden war, und in der Nacht heulte ich. Die Nachtschwester leuchtete mir mit ihrer Taschenlampe ins Gesicht und fragte: »Heimweh, was?«

Doch bis der nächste UNRRA-Transport, einer der letzten, startete, steckte das Bein im Gehgips.

Der Salonwagen

Österreich, wieder Republik, war zweigeteilt. Die Enns bildete die Grenze zwischen den westlichen Bundesländern und denen unter russischer Besatzung. Wien war in vier Besatzungszonen eingeteilt, und von den »Vier in einem Jeep« ließ immer abwechselnd einer seine Nationalfahne auf dem Turm der Burg hissen. So konnte man sehen, wer für diesen Monat der Herr über Wien war.

Mein Vater war inzwischen von Salzburg nach Wien übergesiedelt, arbeitete beim Sender Rot-Weiß-Rot als Sprecher, sagte die ersten Salzburger Festspiele in Deutsch und Französisch an und richtete sofort für alle eine Aussprache-Kartei ein, damit sie sich die Namen ausländischer Politiker, Künstler, Orte und so weiter richtig einprägen konnten. Beim Rot-Weiß-Rot hatte er Christl Arnold kennengelernt, die Musiksendungen machte, und hatte sie geheiratet. Es stellte sich aber bald heraus, dass mein Vater nicht imstande war, sein Versprechen zu erfüllen. Er hatte weder genug Geld, um die Studiengebühren, noch eine Weiterbehandlung meiner gebrochenen Knöchel zu bezahlen. Also suchte ich mir wieder eine Arbeit und fand sie im US Information Center, Ecke Kärntnerstraße neben dem Hotel Sacher, das noch für englische Offiziere beschlagnahmt war.

Ich stieg ein als *Assistant librarian*, musste Karteikarten tippen und zerfledderte Bücher mit Scotch Tape flicken und entdeckte wie im Rausch die Literatur, die in den Nazijahren verboten oder nicht vorhanden war: William Faulkner und John Dos Passos, Thomas Wolfe und Ernest Hemingway, dazu die Literatur der Emigranten und auch die Kinderliteratur, geschrieben und gezeichnet von Russen, Schweden, Polen, Chinesen und Italienern, verlegt von großen amerikanischen Verlagen.

Konstantinopel: Meine österreichischen Großeltern Rudolf und Anna
mit ihren ältesten drei Kindern Carl, Hubertus und Anne Marie zu Besuch.

Ich fand auch eine Bleibe. Ich fragte die, die in der Vorlesung neben mir saßen, ob es irgendwo »ein Kammerl« für mich gäbe? »Ja«, sagte eine Freundin, »bei uns!« und nahm mich mit zu ihren Eltern.

Das Haus war ein Palästchen aus mariatheresianischer Zeit, gegenüber von Schönbrunn. Unterdessen schlossen sich rechts und links Häuser zur Straße an, aber das große Tor und der Park hinter dem Haus waren geblieben, der Park verwildert und so dicht, dass man im Sommerregen in seinem fliederduftenden Dämmer trocken blieb.

Die Familie meiner Freundin wohnte im obersten Stock, und es gab einen langen steinernen Flur, einen Rittersaal, zwei Flügel, einen Geheimgang mit zerschlissenen Tapetentüren. Es war ein Vaterhaus, das alles aufhob. Die Kommoden und Eckschränkchen, die Tischtücher und Lodenmäntel, die angefangenen Strickstrümpfe, und wer einen Schirm brauchte, nahm sich einen aus dem Schirmständer ebenso wie sonntags eins der Messbücher, die nur darauf warteten, benutzt und wieder an ihren angestammten Platz auf dem Tisch vorm Garderobenspiegel gelegt zu werden.

Ich wurde aufgenommen. Ich hatte eine Familie aus Eltern, zwei Töchtern und einem Sohn. Sie waren so, wie eine Familie sein soll, und ich war glücklich. Ich erhielt das fast schon vergessene Fremdenzimmer mit dem Bett und dem Schreibtisch neben dem Fenster zum langen Gang, und wer vorbeilief, setzte sich, wenn er Lust hatte, aufs Fensterbrett und begann eins der endlosen Gespräche, mit denen wir uns noch besser kennenlernten.

Der Vater meiner Freundin hatte mich mit den Worten begrüßt: »Ihr Vorfahr hat dafür gesorgt, dass mein Vorfahr 1709 Doge von Venedig geworden ist.«

Venedig? Mein Vorfahr? Und dann lernte ich: Seine Vorfahren hatten sich am Canale Grande, ganz in der Nähe des Markusplatzes, einen mächtigen Palazzo bauen lassen, einen von vielen. Daneben,

durch einen schmalen Kanal getrennt, steht der Palazzo meiner groß-
mütterlichen Familie, die Casa Minotto, gotischer Kern, zierlich wie
ein Puppenhaus. Irgendwann hatte jemand im ersten Stock einen kleinen braunen Holzbalkon angebaut, der wie ein Vogelhaus über dem
Wasser hängt. Viele Jahre später besuchte ich das Haus mit dem
Deckengemälde von Tiepolo und, im alten Teil, mit den byzantinischen Friesen aus dem 12. Jahrhundert. Die Minottos müssen schon
früh erkannt haben, dass es für einen noch so reichen und stolzen
Stadtstaat eher möglich ist, durch Handel mächtig zu bleiben als
durch Kriege. So war in Konstantinopel, der glänzenden Hauptstadt
des Byzantinischen Reiches, eine venezianische Handelsnieder-
lassung gegründet worden. Als jedoch türkische Truppen unter
Mohammed II. Byzanz überrannten und zerstörten, wurde Girolamo
Minotto, dem Führer der Niederlassung und des Widerstandes, der
Kopf abgeschlagen, und Byzanz ging unter. Später wurde die Niederlassung wieder eingerichtet und von den Türken bestätigt.

Seit Napoleon gehörte Venezien zur österreichischen Monarchie,
doch 1848 strebten auch die Venezianer nach nationaler Eigenstän-
digkeit. Daraufhin rückten die Österreicher an, um den drohenden
Aufstand niederzuschlagen. Einer meiner Vorfahren, Giovanni
Minotto, Vizepräsident der Assemblea, der Stadtverwaltung, die
nun das Amt des Dogen ersetzte, wollte um jeden Preis Widerstand
leisten. Und so standen sich während der Belagerung drei Männer
gegenüber, die nicht ahnen konnten, dass ihre Familien in gar nicht
so ferner Zukunft miteinander verwandt sein würden: auf der einen
Seite Giovanni Minotto, auf der anderen Seite ein junger Offizier
aus Karlsruhe, Anton Haizinger, Adjutant von Feldmarschall Graf
Radetzky, dem österreichischen Befehlshaber, und als dritter
sein Freund Karl Graf Schönfeldt, ebenfalls Ordonnanzoffizier bei
Radetzky. Ein seltsames Familientreffen inmitten von Krieg und
Gefahr, und da bin ich heute, fast zweihundert Jahre später, die aus

dieser unglaublichen Ferne wie auf eine Bühne blickt und sieht, was Europa bedeutet.

Alle drei haben überlebt, Karl Schönfeldt freilich schwer verletzt. Vierundzwanzig Tage lang wurde Venedig beschossen. Es war unterdessen Sommer. Kein Nachschub von Lebensmitteln oder Medikamenten. Hitze. Hunger, Cholera. Wieder eine leidenschaftliche Debatte zwischen den Mitgliedern der Assemblea. Giovanni Minotto riet nun zur Kapitulation. Die Österreicher zogen ein und veröffentlichten eine Liste der vierzig Bürger, die ins Exil zu gehen hatten. Giovanni Minotto gehörte dazu.

Die Minottos kehrten nie wieder nach Venedig zurück. Sie zogen nach Konstantinopel und blieben dort. In ihrem Haus am Marmarameer wurde meine Großmutter geboren, die Mutter meines Vaters. Sie wuchs dort auf und heiratete einen jungen Offizier aus eben dem Land, von dem ihre Familie vertrieben worden war, und zog zu ihm nach Wien.

Es war noch nicht die Zeit der Flugzeuge und Automobile, deshalb bekam sie zur Hochzeit einen Salonwagen geschenkt, vollständig eingerichtet mit Schlafzimmer, kleiner Küche, Raum für die Kammerzofe. Er wurde an den Orientexpress gehängt, wenn sie einen Besuch in Konstantinopel machen wollte, und wartete auf sie, bis sie wieder nach Wien zurückreisen wollte.

»Das war aber üppig«, sagte ich, als sie mir davon erzählte.

»Ach«, antwortete sie, »meine Vettern in Russland hatten einen Bahnhof und eine ganze Eisenbahnlinie.«

Ich lernte sie kennen, als sie von all dem nichts mehr besaß, nur eine silberne Haarbürste mit einem pompösen Monogramm. Ich sah sie und den Großvater damals, 1948 in Wien, zum ersten Mal in meinem Leben.

Die k. u. k. Monarchie hatte einst ein Fünftel von Europa umfasst, und nach 1918 blieb vielen eben nur eine silberne Haarbürste. Die neugegründete österreichische Republik sah sich weder verpflichtet noch imstande, mit Wiedergutmachungen oder anderen Ausgleichszahlungen zu helfen. Mein Großvater versuchte, mit dem restlichen Wald um ein früheres Jagdschloss einen Holzhandel aufzubauen, wurde betrogen, verlor den Rest an Hab und Gut, und selbst seine Pension war bis in die 1940er Jahre hinein verpfändet. Er wollte danach nicht in dem Land bleiben, in dem er nicht mehr so leben konnte wie früher und wie es seinen Standesgenossen noch möglich war. Er zog nach Tenerife in eins der alten spanischen Häuser, dazu reichte sein Geld. Er kannte dort niemanden. Er schwamm jeden Morgen im Meer. Er züchtete in seinem Garten Nelken. Er saß neben seiner Frau in Korbsesseln auf der Veranda, und manchmal rauchte er eine Zigarre. Viele Jahre später spürte er, dass das Ende ihres Lebens gekommen war, und weil er nicht in der Fremde sterben und begraben werden wollte, bat er seinen ältesten Sohn, meinen Vater, alles für seine Heimkehr nach Wien vorzubereiten.

Das war geschehen. Die beiden wohnten nun im Greisenasyl am Türkenschanzpark in zwei kleinen Zimmern. Die Großmama war eine schöne Frau, schlohweiße dichte Haare, die jeden Morgen onduliert wurden, schwarze Mandelaugen und weiche blasse Hände. Wenn ich nachmittags nach meiner Arbeit oder nach Vorlesungen zu ihnen kam, saß sie oft über ein Pfännchen gebeugt, das sie über eine Petroleumflamme hielt, und rührte einen Risotto, den es als Abendessen gab. Sie ging nicht mehr aus, nur in den Park hinter dem Altersheim, der einst ein Teil der Schanzanlagen gegen die Türken gewesen war. Ich weiß nicht, ob sie, deren Familie sich vor den Österreichern aus Venedig in die Türkei gerettet hatte, darüber nachdachte, wie sonderbar die Wege des Lebens sind.

Einmal saß sie in diesem Park geruhsam auf einer Bank, als sich ein Mann neben sie setzte und sagte: »Also – ich seh Sie hier immer, wenn ich eine alte Verwandte besuche. Ihr Gesicht ist mir gleich aufgefallen. Ich möchte Sie engagieren. Ich dreh nämlich Filme, und ich such eine alte Frau, die mir eine Gräfin spielen könnte.«

»Lieber nicht, mein Bester«, antwortete Großmama mit ihrer tiefen Stimme, »das hab ich schon mein ganzes Leben lang versucht, und es ist mir nicht gelungen.«

Der Großpapa sah immer noch so aus wie auf den bräunlichen Fotos, die mein Vater besaß. Vielleicht etwas weniger Haare, aber unverändert freundlich und elegant. Er war in den letzten Jahren und Jahrzehnten der Monarchie ein hoher Beamter gewesen, in Wien in Ministerien, in Pola als Hafenkommandant.

Ich schlief manchmal mitten im Gespräch mit ihm ein, und er hatte wohl erfahren, dass ich nachts lernte und an der Dissertation schrieb, weil ich tagsüber im Information Center arbeitete.

»Du brauchst frische Luft«, sagte er, wenn ich verstört wieder aufwachte, und klappte das Fenster zur Straße auf. Wir lehnten uns nebeneinander aufs Fensterbrett und schauten uns das Haus auf der anderen Straßenseite an. Vier oder fünf Stockwerke, jetzt, später Nachmittag, waren fast alle Fenster erleuchtet. Da deckte eine Frau den Tisch, da wusch sich jemand in einem Badestübchen das Gesicht. Da rannten Kinder von Fenster zu Fenster vorbei, und der Großpapa erzählte die Geschichten, die er sich zu ihnen ausgedacht hatte. Ich fiel ein, wenn er schwieg, und dann übernahm er wieder.

Fensterguckergeschichten.

Einmal drückte er mir beim Abschied eine daumenlange flache Aluminiumschachtel in die Hand. Wahrscheinlich hatte sie Tabletten enthalten. »Aufmachen, wenn keiner zuschaut!« sagte er. In der Schachtel lag winzig zusammengefaltet ein Hundertschillingschein, dabei ein Zettelchen: »Für meine Billie ganz allein.« Es ist das Einzige, was mir mein Großvater geschenkt hat, und ich hüte es bis heute.

Einmal, als ich seinen Siegelring betrachtete, hat er mir die Geschichte unseres Wappens erzählt. Es zeigt ein einziges Bild, einen Baumstamm mit rechts und links je drei abgehauenen Ästen. Weil es ein Wappenbaum ist, gilt er als Eiche, so beständig wie die Familie.

Es war die Zeit von Kaiser Otto, der das Heilige Römische Reich Deutscher Nation durch kluge Macht- und Heiratspolitik wieder bis Italien ausgedehnt hatte. Schließlich musste er es noch gegen den immer wieder anbrandenden Ansturm der Ungarn verteidigen.

Am 10. August 955, dem Tag des heiligen Laurentius, fand die Schlacht auf dem Lechfeld statt. Inmitten der vereinten Truppen seines ganzen Reiches kämpfte der Kaiser voll Mut und Kraft, doch dann war sein Schild von den Pfeilen der Feinde so dicht gespickt, so schwer geworden, dass er es nicht mehr halten konnte. Da sprang ihm ein junger Mann zur Seite, zog ihm den schweren Schild vom Arm, gab ihm den seinen und riss einen jungen Eichbaum, der just neben ihm wuchs, mit einem Schwung aus der Erde und drosch damit auf die Ungarn ein, dass sie die Flucht ergriffen. Kaiser Otto ließ Popo Sconefelt auf dem vom Blut dampfenden Lechfeld niederknien und schlug ihn zum Ritter. »Deshalb«, sagte mein Großvater, »sollte mein Erstgeborener ebenfalls Popo heißen.« »Ich hätte am liebsten verhalten!« sagte meine Großmutter, und der Erstgeborene, mein Vater, wurde Carl getauft. Der deutsche Vetter, den ich Jahrzehnte später kennenlernte und der sich in der Familiengeschichte so sicher wie in seiner Wohnung bewegt, sagt zu dieser Geschichte: »Unfug. Kein Wort wahr.«

Mag sein. Aber mein Großvater hat mir so wenig erzählt, weil wir uns nur so kurze Zeit gekannt haben, dass ich seine Geschichte lieber habe als die historische Wahrheit. Ich weiß genau, wie heiß die Augustsonne den ganzen Laurentiustag auf die Kämpfenden niederbrannte. Ich spüre die Leidenschaft, mit der mein Ahnherr dem Kaiser beisprang, schutzlos für einen Augenblick. Und mag es auch unwahrscheinlich sein, dass er diesen Augenblick überlebte und dann auch noch eine so stämmige Eiche ausriss, dass sie als Waffe dienen konnte – es ist meines Großvaters und meine Geschichte. Das Beste und das Unbezweifelbare am Wappen ist ohnehin das Motto: »*Spero meliora*«. Ich hoffe auf das Bessere.

Mein Großvater starb zuerst, höflich und ohne Aufwand in seinem Bett im Greisenasyl. Bei seiner Beerdigung brach meine Großmutter, tiefschwarz mit Trauerschleier und Witwenhaube, in der Kirche, mitten im Requiem, in lautes Klagen und Jammerrufe aus, und die Trauergesellschaft zog erschrocken die Köpfe ein. »Na ja«, sagte später einer der Vettern, »das ist der Orient!«

Damals wusste ich noch nichts von der Mutter meines Großvaters, Louise Neumann, und ihrer Mutter Amalie Haizinger, den beiden berühmten Burgschauspielerinnen. Noch waren Burgtheater und Oper so kriegsbeschädigt, dass die Burg im *Ronacher* spielte, einem früheren Varietétheater, und die Oper im Theater an der linken Wienzeile untergebracht war, dessen Bühneneingang von Papageno mit seinen Kindern gekrönt ist, steinernen Illustrationen zur Fortsetzung der *Zauberflöte*, für die Goethe das Libretto geschrieben hatte, Mozart sich aber keine Musik mehr hatte ausdenken können.

Als ich zum ersten Mal von meinen neuen Wiener Freunden gefragt wurde, ob ich zum *Ronacher* mitkäme, Stehplatz, ein paar Schilling, sagte ich: »Hab ich schon im Göttinger Stadttheater gesehen!« Ich ging trotzdem und begriff zum ersten Mal, was Regie sein, was vor allem die im berühmten Burgtheater-Deutsch gesprochene Sprache aus einem Text machen kann. Ich ging immer wieder ins Theater, aber weil es nicht im alten Burgtheater am Ring spielte, stand ich nie vor den Porträts von Louise Neumann und Amalie Haizinger, die dort im Foyer hingen. Also blieben sie mir fremd.

Stattdessen studierte ich und genoss die Stadt. Immer noch fuhren die Jeeps mit den Soldaten der Besatzungskräfte durch die Stadt, und die Russen ließen von ihrem Sektor her Propagandagetöse aus riesigen Lautsprechern über den Ring erschallen. Im Sommer radelten wir durch den Wienerwald oder die Donau entlang. Noch transportierten die Russen das Erdöl direkt die Donau hinab bis zu ihren Raffine-

rien. Es gab östlich von Wien noch keine Petrochemie, keinen Flugha-
fen, nur sonnige Weite, Landstraßen von Birnbäumen gesäumt, und
wir saßen am Ufer der Donau zwischen den Ruinen von Carnuntum
und waren römische Söldner, hier stationiert, um die Überfälle der
germanischen Stämme von den nördlichen Ufern des Stroms abzu-
wehren. Unten in den Steilhängen unseres Ufers pfiffen die Ziesel,
und wenn wir weiterradelten, bis zum Hainburger Kogel, von dem aus
man weit nach Böhmen und bis Pressburg und Ungarn sehen kann,
stimmten die ungarischen Freunde sehnsuchtsvolle Lieder an: »Lass
den Kopf nicht hängen, sei kein Trauerpferd ...« Unten vom Fluss
antworteten die russischen Soldaten, die auf ihren Schiffen das Drei-
ländereck bewachen mussten, mit ihren Sehnsuchtsliedern.

Einer der Studenten nahm mich mit zur Malteser-Suppe. »Kost
nix.« Vorm Rathaus stand eine Baracke, wie ein Rest aus Kriegszeiten,
darin zwei lange nackte Holztische und eine strenge Person, die mit
schallender Stimme Namen aufrief: »Herr Habsburg und Herr
Czernin! Einen neuen Suppenkessel aus der Küche holen! Fräulein
Cornaro und Fräulein Hardegg! Suppenteller einsammeln und frische aus der Küche holen!« Die Suppe war heiß und dick, und wir
saßen eine Weile zusammen, satt und ein bisschen müde, und irgend-
wer fragte: »Bist du die Neue? Die Billie? Die Tochter vom Onkel
Carl? Also, ich bin dein ...«

Ich, eingebildete Waise seit Kindertagen, war plötzlich umgeben von
Menschen, die sich als meines Vaters Verwandte bezeichneten. Mit
ihm verwandt, mit meiner Urgroßmutter verwandt, untereinander verwandt, verwandt und zerstritten, verwandt und voller Geschichten von
anderen Verwandten – ich genoss es. Ich vergaß es wieder. »Schau,
dieses Palais am Josefsplatz hat euch einmal gehört. Und im Stadtmuse-
um muss ein Bild von deiner Urgroßmutter hängen, falls es dich inter-
essiert ...« Das wäre die nächste Möglichkeit gewesen, Louise Neumann zu begegnen, aber sie interessierte mich immer noch nicht.

»Sind aber lange nicht bei uns gewesen«

Mehr interessierten mich unterdessen meine Dissertation, Josef Weinheber und Kirchstetten. Ich hatte mich bei meinem österreichischen Doktorvater, Professor Hans Rupprich, mit einem Brief meines deutschen Doktorvaters Ulrich Pretzel gemeldet. Er stellte mich im ersten Doktorandenseminar mit den Worten vor: »Kommt ursprünglich aus Göttingen, einer der berühmtesten deutschen Universitäten, Geburtsstätte, könnte man sagen, der Germanistik. Wir werden uns Mühe geben müssen … «

Noch heute wundere ich mich, dass mir ausgerechnet jemand wie Pretzel Josef Weinheber als Thema vorschlug. Ulrich Pretzel war der Bruder von Raimund Pretzel, der nach England emigriert war, unter dem Pseudonym Sebastian Haffner im *Observer* Artikel gegen Nazideutschland veröffentlicht hatte und eine der wichtigsten Stimmen in der Nachkriegszeit wurde. Der Lyriker Josef Weinheber aber stand auf der anderen Seite. Er hatte sich angepasst und war ein Liebling der deutschen Nationalsozialisten geworden. Ulrich Pretzel betrachtete Weinheber allein unter dem Aspekt des Lyrischen, und auch Rupprich sprach mit mir nur über die Formprobleme bei Weinheber, riet aber immerhin, dass ich die Biographie nicht vergessen solle, und gab mir die Anschrift der Witwe, Hedwig Weinheber.

So kam ich nach Kirchstetten, einem Dorf, das westlich von Wien, noch im russischen Besatzungsbereich lag. Ich meldete mich an, wurde für den nächsten Sonntag eingeladen und saß am Esstisch, wo auf die »halb verhungerte« Studentin aus Wien, wie Hedwig Weinheber meinte, ein Rahmschnitzel wartete. Dazu hatte sie alle

Wien: Im Augustiner-Lesesaal der Österreichischen Nationalbibliothek schrieb ich 1949/50 meine Dissertation.

Unterlagen, die für meine Arbeit wichtig sein konnten, schon bereitgelegt.

Josef Weinheber, 1892 in Wien geboren, war das uneheliche Kind einer Kellnerin und eines Gastwirts und Viehhändlers. Die Eltern starben früh. Der Sechsjährige kam in eine Erziehungsanstalt, dann ins Waisenhaus, scheiterte im Gymnasium, arbeitete als Fleischhauergehilfe und Kutscher, wurde 1911 bei der Post angestellt und dieses Dienstes wegen im Ersten Weltkrieg nicht eingezogen. 1913 veröffentlichte er sein erstes Gedicht. Er besaß ein starkes musikalisches Formgefühl, das es ihm leicht machte, sich aller lyrischen Formen des Abendlandes, von den griechischen Oden über Kanzonen und Sonette bis zu Terzinen und Liedern im Volksliedton, zu bedienen.

In seiner Heimat blieb er aber, der sich »für besser als Rilke, Kästner und George« hielt, zu seinem Zorn und Schmerz ein unbekanntes Genie. Doch den Nationalsozialisten gefiel der heldische Ton seiner Oden, das Pathos seiner Sonettenkränze, und er wurde entdeckt. Er wurde mit dem Mozart-Preis der Goethe-Stiftung ausgezeichnet, kaufte sich davon das Haus in Kirchstetten und zog sich, nach einundzwanzig Jahren pensioniert, dorthin zurück. Er genoss den Ruhm, fühlte sich endlich bestätigt und so geehrt, wie es ihm seiner Meinung nach zukam. Zu spät begriff er, dass er benutzt und ausgenutzt wurde. Vielleicht auch, dass ausgerechnet sein ehrgeiziger hoher Ton nur ein epigonaler Widerhall war, sauber gearbeitet bis ins Artistische, mochte er noch so selbstbewusst schreiben: »Hier ist das Wort!« Ganz bei seinen wahren Wörtern war er aber, wenn er sie im Daktylus, dem Walzertakt, tanzen und schweben ließ, wenn er nicht *Götter und Dämonen*, sondern Wien, Ottakring, die Stadt und ihre Menschen besang, auf Hochdeutsch und im Dialekt.

Aber auch das rettete ihn nicht mehr vor dem eigenen Gewissen. In Alkohol und Morphium suchte er Zuflucht, und als die Russen über die Wiener Neustadt hinaus auf Kirchstetten zumarschierten, nahm sich Josef Weinheber mit Morphium das Leben. Seine Frau und seine Nachbarn begruben ihn am Rande des Waldes, der das Grundstück begrenzt.

Zu diesem Grab konnte ich hinüberschauen, als ich in diesem Sommer 1950 an fast jedem Wochenende an seinem Schreibtisch saß, seine Aufzeichnungen las, in den Exemplaren der *Fackel* Randnotizen las, die zeigten, wie er sich mit dem Herausgeber Karl Kraus und seinen Theorien zum Wesen der Dichtung auseinandergesetzt hatte. Hedwig führte mich über die Trasse der Autobahn, die irgendwann begonnen, aber in den Kriegsjahren wieder dichte Wiese geworden war, zu den Freunden, die von Weinhebers letzten Jahren erzählten. Sie gab mir den frisch gekelterten Most von den Birnbäumen zu trinken, die Weinheber besungen hatte, und ich zählte Silben, folgte den Distichen und den Verschränkungen der Verse, den Melodien der Reime, verglich Lesarten und machte auf fleißige germanistische Art Listen und Tabellen, mit denen dieses und jenes zu beweisen war. Ich nahm seine Vita ohne Verwunderung hin. Es gab so viele, die sich geirrt und dann das Leben genommen hatten. Das war noch nah, und es war nichts Besonderes. Ich kannte das heldenhafte Pathos seiner Verse, weil es das Pathos der Fahnen- und Marschlieder der Hitlerjugend gewesen war, das Pathos aller nationalsozialistischen Reden und Schwüre. So konnte ich die metrischen Strukturen der Heldengesänge noch ohne Gefühl säuberlich wie ein Skelett präparieren und sah, wie leicht man sie herstellen, nachahmen und vervielfältigen kann.

Wenn ich nicht an seinem Schreibtisch saß, ging ich in die Nationalbibliothek am Josefsplatz, dem schönsten Platz von Wien. Ging durch das große Tor, die Stiege mit den breiten tiefen Stufen hinauf, am Prunklesesaal vorbei zu dem anderen, einem langen Raum, in dem sich doppelmannshohe barocke Bücherregale mit ebenso hohen Fenstern abwechseln. Tagsüber fällt das Licht auf die Doppelreihe der Arbeitstische, nachmittags, wenn es im Winter schon dunkel ist, werden die Tischlampen mit ihren grünen Glasschirmen angeknipst. Der Bibliotheksdiener bringt, was man bestellt hat, und als ich gut zehn Jahre später wieder in der Nationalbibliothek für ein Sachbuch arbeitete, fragte er besorgt: »Sind aber lange nicht bei uns gewesen!«

Im April 1951 wurde ich promoviert, wie üblich mit allem Pomp in der Aula der Universität. Reden wurden gehalten, Mozart und Haydn gespielt, Rektor und Dekane trugen Talare sicher aus der Zeit von Maria Theresia, und der Universitätsdiener sah in seiner goldverzierten Jacke am prachtvollsten aus. Er hielt allen *doctores* den silbernen Stab der Universität hin, und einer nach dem anderen legten wir den rechten Zeigefinger darauf und wiederholten den zeremoniellen Schwur: »*Spondeo, ut* … «, dass wir der Alma Mater nichts als Ehre machen würden.

Mein Doktorvater fragte mich, ob ich seine Assistentin werden wollte. Ich lehnte dankend ab, nahm mein Erspartes, kaufte mir ein Rundreisebillett und fuhr bis zum Oktober durch Italien, weil ich dachte: Wenn ich erst in Deutschland bin und einen Beruf habe, wird nie genug Zeit sein, um all das anzuschauen, was ich nur aus den Bildern kannte, die während der kunsthistorischen Vorlesungen an die Wand geworfen wurden.

Die erste Station war Venedig. Ich reiste mit einem Baedeker von 1890 aus dem Besitz meiner Großtante aus Nassau, und so genau er auch angab, wo welches Gemälde in welchem Museum hing – bei der Casa Minotto versagte er. Ich landete im Nachbarhaus, im Palazzo Corner. Es gehörte auch nicht mehr dieser Familie, sondern beherbergte die Polizei, und als ich sagte, ich suche die *Casa di mia nonna* und könne sie nicht finden, da zeigten sie mir ihren Palazzo vom Wasser bis zum obersten Stock, und ich vergaß die Ca'Minotto, vergaß die Minottos ganz und gar und habe sie erst Jahrzehnte später wieder entdeckt – als ich meinen eigenen Kindern die fernen Stätten der Familie zu zeigen begann.

Am Anfang meiner Reise hatte ich Pech. Gleich am ersten Tag in Venedig wurde mir im Pilgerschlafsaal eines Klosters die Hälfte meiner Barschaft gestohlen, aber ich war gewohnt, mit wenigem auszukommen. Ich reiste weiter. Jugendherbergen waren billig, und in Klöstern musste man manchmal gar nichts für Bett und Morgensuppe zahlen. Museen, in denen es einen Tag mit freiem Eintritt gab, waren ebenso wenig ein finanzielles Problem wie das Essen.

In Florenz ging ich durch eine dieser schmalen Gassen, an einer offenen Haustür vorbei. Drinnen schob eine Frau mit dem Unterarm alles, was auf einem langen Tisch lag, beiseite, um Platz für die Pasta-Schüssel zu haben. Sie sah mich und fragte, ob ich schon gegessen hätte.

In Rom saß ich im Petersdom bei einer Seligsprechung zwischen lauter Nonnen. Gegen Mittag, als schon der Streit um des Seligen Seele zwischen Engel und *Advocatus diaboli* gewonnen und der Taubenschwarm freigelassen war, holte die Nonne neben mir kleine Flaschen mit Milchkaffee aus den Unterrocktaschen, und gab mir einen Schluck ab.

In Rom fuhr ich mit anderen aus der Jugendherberge nach Tre Fontane, sah jenseits des kahlen, kargen Landes in einem Hang eine kleine Höhle, in der eine Madonnenfigur lehnte, von Kerzen umgeben. Ringsum Männer, Frauen und Kinder. Sie schrien und beteten, und vorn wiederholte eine Frau in einem ewigen Singsang etwas, das ich nicht verstand. Sie hatte die Mutter Gottes gesehen. Schon wurde am Rande des Wunderortes mit dem Wasser aus den drei heiligen Quellen eine Suppe gekocht, und wir, die blassen Ausländer, wurden dazu eingeladen.

In Neapel brachte ein amerikanischer Student einen ganzen Stapel Pizzen von einem der Straßenstände in die Jugendherberge, und wer mitessen wollte, musste ein Lied aus seiner Heimat singen. Ich sang den Schönfeldt-Marsch.

Nein, das Essen war auch kein Problem.

In Assisi führt der Weg zu Kirche und Kloster steil den Berg hinauf, und an seinem Anfang war ein Hotel wie in den Hang gebaut. Man konnte in jedem Stockwerk die hohen Fenster sehen, die Gardinen, weiß gedeckte Tische, ein Gläsergefunkel und schön gekleidete Menschen. Ich blieb stehen und schaute und dachte dabei: So wird es dir niemals ergehen.

Und dann, schon im ersten Herbstregen, die Tempel in Paestum. Mächtige schwere Körper aus Stein. Einsam. Kein Baum, kein Haus, kein Mensch in der Nähe. Einsam und ohne Sinn und Zweck nur Säulen aus Stein, in dem winzige Schnecken und Müschelchen stecken und zwischen denen der Wind vom Meer flüstert und zischelt. Ringsherum vom Sommer verbranntes Gras und Karrenspuren, vor zweitausend Jahren so tief in die Platten der römischen Straße eingeschnitten, dass die Jahre danach sie nicht wieder haben glätten können. Ich saß ganz still auf einem der Säulentrümmer und dachte an den Urgroßonkel in Nassau und den Limes und an die römischen Legionäre, die damals so weit von ihrer Heimat entfernt waren wie ich hier von meiner. Hat sich einer von ihnen hier den Segen des Meeresgottes Poseidon erbeten, ehe er zu den Kriegszügen nach Norden aufbrach, gegen die wilden Germanen? Hat er mit am Limes gebaut, den mein Urgroßonkel immer an den falschen Stellen gesucht hat? Hat er sich am Ende auszahlen lassen und ein Haus im Schatten dieser Schutzmauer gebaut, hat er einen ersten Weinberg angelegt? Er geht mich nichts an, dieser fremde Römer, aber er und seinesgleichen haben meine Welt zu dem gemacht, was sie ist. Er und meinesgleichen haben sie auch immer wieder in Trümmer gelegt. Ich würde bald wieder in einer der Städte sein, die noch in Trümmern lagen.

Mit den allerletzten Groschen versuchte ich, so gut wie möglich durchzukommen. Immerhin gab es in jeder Stadt eine *cucina povera*, und wenn Markttag war, setzte ich mich auf eine Brunnenstufe, zeichnete einen Stand und konnte sicher sein, dass mir die Besitzerin das Bild für ein paar Weintrauben oder ein frisches Brot abhandelte.

Dann war Oktober. Als ich im Zug nach Norden in der Morgenfrühe auf der Holzbank aufwachte, sah ich draußen dunkle Tannen auf Berghängen, glitzernd weißen Firnschnee und darüber den herbstblauen Himmel. Ich war wieder diesseits der Alpen, aber ich packte schon bald meine Sachen und nahm Abschied von Wien. In Hamburg war eine sozialpolitische Monatszeitung gegründet worden, und ich konnte dort für hundert D-Mark im Monat als Volontärin arbeiten, wenn ich wüsste, »was eine halbfette Venus« sei.

Da ich es nicht wusste, machte ich erst einmal in Göttingen Station und lernte beim *Göttinger Tageblatt,* wie eine halbfett gedruckte Type aus der Schriftfamilie namens Venus aussieht, lernte außerdem tippen und korrigieren und umbrechen und setzen und drucken und vor allem, welche Art des Journalismus mir nicht lag.

In diesem Winter hatte die Göttinger Fußballmannschaft in Kassel ein Spiel, und auf der nächtlichen Heimfahrt war der Bus verunglückt. Es gab viele Tote. Wir saßen noch unten in der Druckerei und warteten auf den Andruck, den der Redakteur vom Dienst noch einmal zu überprüfen hatte, da kam die Nachricht. Sofort Stopp! Neue erste Seite!

»Hier hast du die Adressenliste! Los, los, lauf zu denen allen und lass dir ein Foto geben. Aber sag um des Himmels willen nicht, dass sie tot sind!« Von Tür zu Tür also, schellen: »Ach bitte, verzeihen Sie, dass ich so spät noch störe, aber ist das Ihr Sohn, der heute in Kassel gespielt hat? Könnte ich wohl ein Foto von ihm bekommen?« Die Gesichter der Mütter, die freudige Überraschung, das Glück über den vermeintlichen Sieg – die Erinnerung daran hat mich lange nicht verlassen.

Göttingen war unverändert. Meine Großeltern lebten wie vor dem Krieg. Einladungen zum Tee, Bridgeabende, aber kein Auto mehr. Das Letztere war beschlagnahmt und irgendwie der Rüstung einverleibt worden: zuerst die vier Reifen, dann der Rest. Mein Großvater hatte einen VW angezahlt, aber das Geld war verloren.

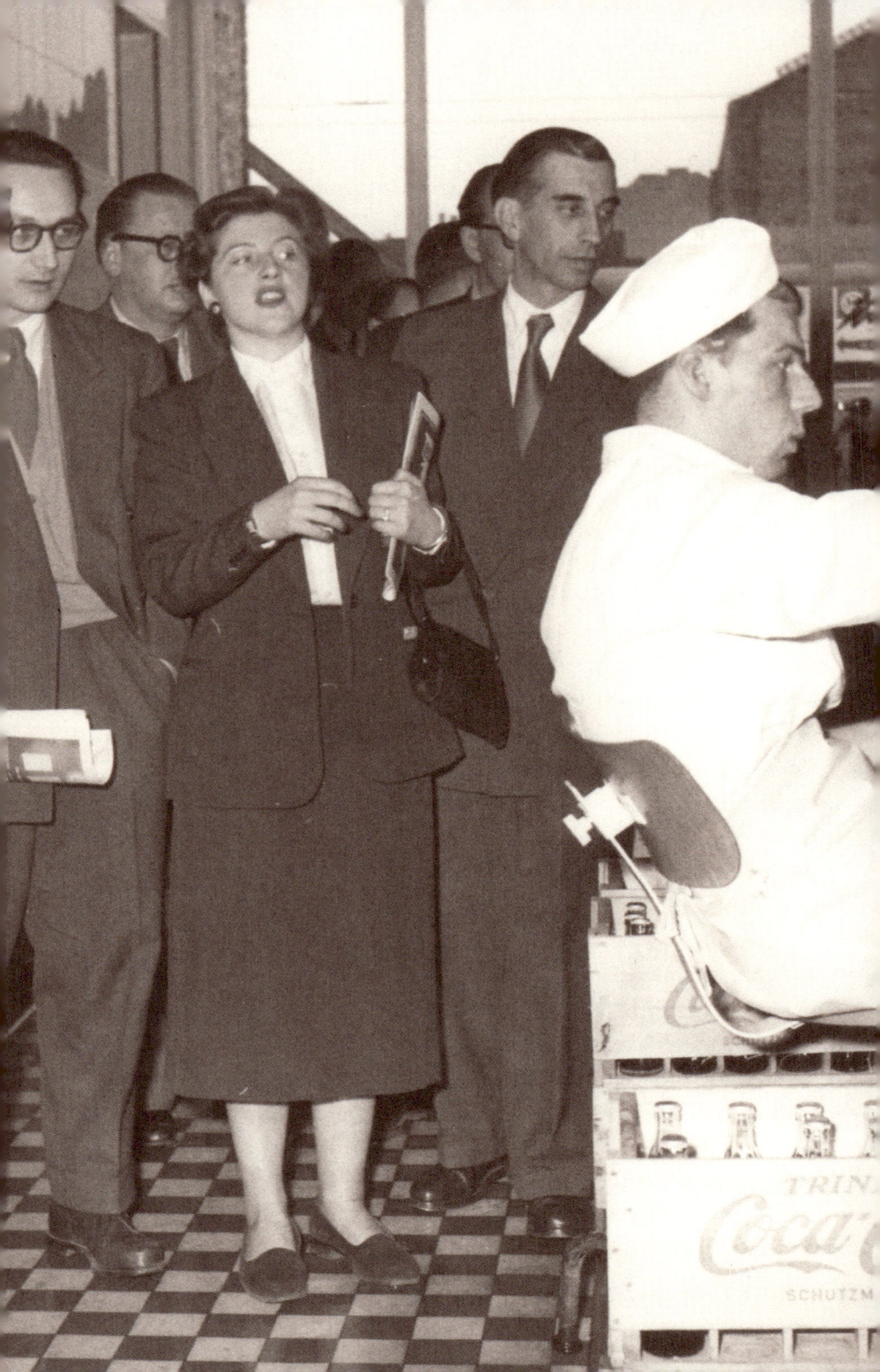

»Ihre Familie ist seit Jahrhunderten ausgestorben«

Hamburg dagegen wirkte wieder wie ein Schock. Drei Jahre nach der Währungsreform, zwei Jahre nach der Gründung der Bundesrepublik Deutschland begann das Wirtschaftswunder, waren die Straßen voller Autos, gab es zahllose Zigarettenmarken, traf man sich nach dem Büro in einer Hotelbar oder im Anglo-German-Club zum Cocktail aus Getränken, die im russisch besetzten Wien noch unbekannt waren, und meine ehemaligen Kommilitoninnen trugen abends Kleider aus Spitze und sagten nach einem Blick auf das, was ich trug: »Du musst dir einen reichen Kerl suchen.«

Ich konnte wieder in meine Mansarde einziehen, und es war meine Nassauer Großtante Friederike, die mir half. Sie lebte unterdessen am Rande der Trümmer in einer kleinen Wohnung und zog bald nach Frankfurt zurück ins Mutterhaus des Roten Kreuzes. Sie schenkte mir von ihrer kargen Rote-Kreuz-Pension so viel dazu, dass ich mir ohne Sorge einen Ergänzungsjob zu meinem Hundert-Mark-Volontärsgehalt suchen konnte.

Ich begann also meine Arbeit bei der sozialpolitischen Monatszeitschrift *Das Fenster,* deren Verleger den Arbeitgebern, Arbeitnehmern und Gewerkschaften ein journalistisches Forum bieten wollte. Keiner von ihnen nahm jedoch das Angebot richtig an, weshalb sich der Inhalt des Blattes rasch dem einer Familienillustrierten mit Rätsel, Roman und Cartoons näherte. Immerhin lernte ich in der Redaktion auf Anschlag schreiben, Texte kürzen, Nachrichten formulieren und eine andere Sprache: nicht mehr akademische Schlangensätze, gespickt mit philologischen und philosophischen *Termini technici,*

Westberlin: Erste Industrie-Reportage 1953.
Besuch der gerade gegründeten Coca-Cola-Abfüllanlage.

sondern Wörter, die präzise beschrieben, was zu sagen war und von den Abonnenten der Zeitschrift verstanden wurden.

Ich lernte auch, Fotos und Illustrationen bei Agenturen zu bestellen und auszusuchen, und eines Tages sollte ich eine literarische Agentur aus dem Pressehandbuch heraussuchen. Die besten und teuersten saßen in der Schweiz, und ich dachte sparsam und fand eine mit Sitz in Hamburg. Ich rief dort an, und am nächsten Tag saß ein junger Mann im Trenchcoat neben meinem Schreibtisch und überließ mir eine Mappe mit Kurzgeschichten zur Probe. Einige stammten aus US-Magazinen und waren noch nicht übersetzt. Es wurden meine ersten Übersetzungsaufträge, aus denen nicht nur eine Lebensarbeit entstand, sondern auch eine Lebensfreundschaft mit Otti, dem Agenten.

Wie von selbst geriet ich in einen Kreis von Gleichaltrigen, die seit ihrer Kindheit befreundet waren. Sie nahmen mich auf, mit ihnen ging ich essen und tanzen. Wir fuhren zur Ostsee zum Schwimmen, und ich lernte die unbekannten Drinks so zu unterscheiden, dass ich ihren Gefahren ausweichen konnte.

Während ich in Wien gelebt hatte, waren Tante Cissy und ihre Tochter gestorben, aber George wohnte noch im selben Haus. Er sagte: »Du hast Sonntagmittag immer bei Mama gegessen. Das wollen wir beibehalten, wenn es dir recht ist.« Es war gemütlich und heimatlich wie immer, außer dass es zum Essen ein Glas Wein gab, weißen oder roten Bordeaux.

Nicht weit von Georges und meiner Wohnung stand ein Biedermeierhaus in einem verwilderten Garten. Im Schatten einer Trauerweide verrostete ein amerikanisches Auto. Als ich eines Tages vorüberging, flog die Gartentür auf, und ein alter Mann rief hinter mir her: »He he he – Sie müssen die Sybil aus Wien sein! Man hat Sie sicher gewarnt, dass wir kein guter Umgang für Sie sind! Los, kommen

Sie rein! Ich bin neugierig!« Ich war es auch und folgte ihm, warf
einen Blick auf den ebenso verwilderten Hintergarten mit seinem re-
genwassergefüllten Schwimmbecken, stieg vorsichtig über die wackligen Treppenstufen in ein Haus voller Bücher, ebenfalls wackliger
schöner alter Möbel und – im ersten Stock – einer Werkstatt.

Ich nannte sie die »Käuze«, ihn und seinen Arbeitspartner. Wie
sie sich kennengelernt hatten, wurde mir gleich nach dem ersten Be-
grüßungsschnaps aus einem Zinnlöffel erzählt: »Also: Erster Weltkrieg. Ich in vorderster Front. Trommelfeuer. Mich erwischt's. ›Den
können wir liegenlassen‹, sagt einer, ›der ist hin‹. Kommt Eberhard
vorbei, Müllerssohn aus Westfalen, der weiß, wann ein Esel wirklich
tot ist, und sieht: doch nicht hin. Wirft mich auf den Buckel, und
deshalb leb ich noch. Hab ihn danach zwanzig Jahre oder so nicht
mehr gesehen. Geh zu einer landwirtschaftlichen Ausstellung hier in
Hamburg, schau mir einen Bullen an, geh in die Knie, um alles genau
zu sehen – und wer steht auf der anderen Seite? ›Eberhard!‹ schrei
ich. Na, dann kam er mit heim zu mir und meiner Frau, und wir haben die ganze Nacht durchgesoffen, und seitdem ist er hier.«

Das war vor und nach dem Ersten Weltkrieg, und das Haus,
in dem sie lebten, hatte den Zweiten und die Bombenangriffe über-
standen. Dort stellten sie nun Lampenschirme her. Ich habe nie
gefragt, warum. Es war ein außerordentlich gemütliches Atelier. Bevor die Frau des alten Kauzes starb, hatte sie Bezüge aus Seide
genäht. Nun wurde Pergament nach Wunsch bemalt, getönt, gespannt. Nachbarn und Freunde von Freunden statteten ihre ausgebombten Wohnungen mit Lampenschirmen von den Käuzen aus.
Das sprach sich herum, und die Käuze hatten viel zu tun. Immer
saß jemand auf einem der Hocker im Atelier, half beim Zuschneiden
oder trank einen Schluck aus den Zinnlöffeln. Abends kamen auch
diejenigen vorbei, die sich irgendwo in Ruhe treffen wollten, Ernst
Rowohlt zum Beispiel, der Verleger, der manchmal auch bei

den Käuzen wohnte, ihre Sammlung erotischer Literatur vervollständigte und neue Autoren suchte. Dazu die Journalisten aus dem Funkhaus des NWDR, von dem man zu Fuß in der Mittagspause zu den Käuzen schlendern konnte, Axel Eggebrecht, H. E. Haberfeld oder Ernst Schnabel oder ein anderer Journalist, der das *Hamburger Fremdenblatt* wieder aufleben lassen wollte und jedem, auch mir, märchenhafte Honorarangebote machte. Einmal lud er mich zu einem großen Diner mit Kerzenlicht, Bachmusik und Dessert aus Straußeneiern ein, aber ich war offensichtlich nur als zusätzliche Tafeldekoration eingeladen worden, und sagte »Danke« für das Essen und »Nein« zum Job. Die Zeitung erlebte nur ein paar Auflagen.

Die Käuze waren immer so pleite wie die meisten ihrer Gäste. Infolgedessen mussten sie immer neue Lebensmittelhändler suchen, die ihnen Nahrungsmittel, vor allem Getränke, auf Pump brachten und sich manchmal in der Hoffnung auf Bezahlung mit an den langen Tisch im Garten oder im Haus setzten und in ihrem weißen Lieferantenkittel bis in die Nacht hinein mitfeierten. Manchmal brachten Ehefrauen oder Freundinnen Töpfe mit Gulasch, manchmal lasen Autoren etwas vor, und manchmal ging während dieser ewigen Partys ein Buch herum, zwischen dessen Seiten jeder einen Geldschein für die nächste Batterie Flaschen legen sollte.

Mein Lieblingsgast war der Zeichner Wilhelm Martin Busch, der auf der Suche nach einem Hamburger Zimmer und einem Job eine Weile bei den Käuzen wohnte. Er hockte immer mit seinem Skizzenblock auf dem Schoß in irgendeiner Ecke, und alle schauten seine Bilder an und sagten: »Ich komme auf Sie zurück!« Sie kamen wirklich auf ihn zurück. Ernst Rowohlt gab ihm den ersten Auftrag: Kurt Tucholskys *Schloss Gripsholm* zu illustrieren, und für den *Lesering* illustrierte er alle Klassiker, die dort im Lauf der nächsten Jahre verlegt wurden.

Ich arbeitete weiterhin als Volontärin beim *Fenster*, während mein Hamburger Lieblingskommilitone, Paul Hühnerfeld, P. H. genannt, unterdessen vom ZEIT-Volontär zum Redakteur für Literatur aufgestiegen war. Meine Redaktion bestand aus einem Chefredakteur, zwei Redakteuren, einem Grafiker und einer Sekretärin, die der ZEIT war zwar größer, trotzdem noch sehr übersichtlich. Sie war in ein paar Büroräumen im Pressehaus untergebracht. Im Entree stand ein altes abgewetztes Ledersofa. Dort saß immer jemand und redete oder rauchte, aß sein Butterbrot oder fragte: »Wer kann mir schnell etwas über dies oder jenes schreiben?« Und wer halt zufällig in der Nähe stand, erledigte das.

Es gab noch keinen Grafiker. Alfred Mahlau, Leiter der Hamburger Kunsthochschule, hatte den Titel der ZEIT entworfen, aber der Umbruch wurde schlecht und recht meistens selbst zusammengeklebt. Textlängen wurden von den Redakteuren mit dem Zentimetermaß gemessen und bestellt. Mein erster Text, den ich 1954 für die ZEIT schrieb, maß knapp zehn Zentimeter, und ich beschrieb darin das Elend eines Kinderheims, das ausgerechnet in einem nebligen, kalten Flusstal eingerichtet worden war, so dass die Kinder an Dauerhusten litten. Das Heim wurde kurz nach dem Erscheinen der Zeitung geschlossen, und ich dachte: So ist Journalismus! »Nein«, sagte einer der alten erfahrenen Redakteure, »eine solche Wirkung erlebst du, wenn überhaupt, nur ein einziges Mal im Leben.«

Seit diesem ersten Artikel schrieb ich für die ZEIT als freie Mitarbeiterin, vierzig Jahre lang. Ich schrieb Rezensionen und Reportagen über Kindertheater und Golfplätze, über neue Erziehung in Familie, Summerhill und anderen Internaten, über Dansk Design und Porzellan, über die Größe 44 und Pariser Starfriseure, über Homöopathie und die historische Entwicklung der von Frauen verfassten Kriminalliteratur, über Kindesmisshandlung und Literaturkongresse, über die Entwicklung der sogenannten Antibabypille und die ersten Skandale der Lebensmittelindustrie. Manchmal habe ich für eine halbe ZEIT-Seite ein halbes Jahr recherchiert. Manchmal bekam ich nichts als einander widersprechende Aussagen zusammen, und manchmal meldete sich der Fachmann, der meine Entscheidung hätte bestätigen können, erst in einem Leserbrief.

Einmal lieferte ich einen Text nach einer dieser Reportagereisen bei P. H. ab. Damals war die Redaktion der ZEIT schon erheblich gewachsen, nahm eine ganze Etage und einen ganzen Flur ein, aber wenn ein Redakteur nicht gerade an einem Text arbeitete, standen die Zimmertüren offen, der eine oder andere schaute gelegentlich herein und fragte, was er gerade mache, oder bat einen Kollegen, seinen eigenen fertigen Text zu lesen, auf Fehler oder Irrtümer zu prüfen und eventuell Änderungsvorschläge zu machen.

P. H. las also, begann nachzufragen, und Marion Gräfin Dönhoff, die gerade vorüberging, blieb stehen und hörte zu. Ich erwähnte etwas, das mein Interviewpartner mir gesagt hatte, und P. H. unterbrach mich ärgerlich und fragte: »Und warum lese ich das nicht in deinem Text?«

»Weil«, antwortete ich, »mich der Betreffende gebeten hat, diese Äußerung vertraulich zu behandeln.«

»Aber das ist doch kein Grund, ihn nicht zu zitieren!«

»Doch. Ich habe es versprochen.«

»Hören Sie sich das an, Marion!« rief P. H. »Was sagen Sie dazu?«

»Ich bin der gleichen Ansicht wie die Gräfin«, erwiderte Marion Dönhoff, »ein Wort ist ein Wort.«

Da seufzte P. H. und sagte: »Gräfinnen … «

Als ich ein anderes Mal in die Redaktion kam, standen alle um das Ledersofa herum. »Da macht jemand einen Deutschen Jugendbuchpreis«, sagte P. H. »Das dürfen wir nicht den Lehrern überlassen.«

»Und wer soll darüber schreiben?« fragten die anderen, lauter Männer, alle älter als ich, und schauten mich an.

So kam ich zu dem Thema, das mich bis heute begleitet, und die
ZEIT kam als erstes Nachkriegsblatt zu regelmäßigen Berichten über
Kinderliteratur und seit Anfang der 1960er Jahre zur ZEIT *für junge
Leser*, also zu ebenso regelmäßigen Rezensionen.

P. H. hatte inzwischen geheiratet, eine Tochter und dadurch ein
noch stärkeres Interesse für diese Literatur bekommen. Er gab für
den Münchner Buch- und Kunstverlag Obpacher die *KID*-Reihe
heraus: *Weltliteratur für Kinder*. In der Folgezeit übersetzte ich für
ihn *Alice im Wunderland*, Mark Twains *Prinz und Betteljunge* und eins
der ersten phantastischen Kinderbücher *Die Rose und der Ring* von
Thackeray.

Dadurch lernte ich den Hamburger Verleger Heinrich Ellermann
kennen, dessen *Blätter für die Dichtung* in der Nazizeit eine Zuflucht
für verbotene Dichter gewesen waren und der nun auch Kinderbücher verlegte. Als ich ihm von meiner Wiener Bibliothekszeit
erzählte, bat er mich, eine Übersicht über die amerikanischen und
englischen Kinderbücher zusammenzustellen, die nach 1933 erschie-
nen waren. Da mein Volontariat beim *Fenster* gerade endete und ich
bis zur nächsten Anstellung bei einer Funk- und Familienzeitschrift,
die im Hoffmann und Campe Verlag erschien, ein halbes Jahr Zeit
hatte, sagte ich zu.

Außerdem nahm mich Alfred Mahlau in seine Zeichenklasse auf,
aus der Mirko Szewczuk, der erste politische Karikaturist der ZEIT,
Vicco v. Bülow und Horst Janssen hervorgegangen sind. Am Ende
des Sommersemesters legte A. M. meine Arbeiten auf den Fußboden
und fragte mich: »Wenn dir das als Redakteurin eingereicht würde –
wie lautete dein Urteil?«

Ich antwortete: »Eine ordentliche Zweite.«

»Und willst du eine ordentliche Zweite sein?« Nein, das wollte ich
nicht, aber ich war dankbar, dass ich mich noch einmal hatte prüfen
können. Ich blieb also beim Schreiben.

Die *Constanze* war unterdessen die wichtigste Frauenzeitschrift geworden, so schrieb ich für die *Constanze*, weiter für die ZEIT und für den *Stern*, bearbeitete die Manuskripte von Fortsetzungsromanen, beantwortete Leserbriefe und übersetzte und schrieb Kurzgeschichten, einmal eine für eine Monatszeitschrift, deren Redakteur Ulrich Klever gerade eine Mitarbeiterin suchte. Das Konzept der *Praline* sollte mit dem neuen Untertitel *Blick in die Welt* Wissenschaft, Modernes Leben und Literatur bieten. Das gefiel mir. Ich kündigte bei Hoffmann und Campe, bevor ich angefangen hatte, und nahm das Angebot an.

Weil der Verleger Alfred Bauer der Ansicht war, kochen könne jeder, und für Kochtexte müsse man keine Honorare verschwenden, schrieb ich abwechselnd mit Klever über das Kochen. Er sagte, er könne grillen, also schrieb er über Steaks und anderes Fleisch. Ich konnte Reis kochen.

Meine Großmutter Sophie hatte nur ungern in der Küche gestanden. Es musste schnell gehen und irgendwie praktisch sein. Das Einzige, was sie gern kochte, war Reis, und sie variierte die Gerichte, die sie aus Manila kannte, so gut und phantasievoll wie möglich, auch mit Kriegs- und Nachkriegsmitteln. Der Reistopf in der Kochkiste gehört zu den Erinnerungsbildern aus Göttingen. Am besten war der Reistopf als Picknick.

Damals in meiner frühen Schulzeit, als mein Großvater noch ein Auto besaß, machten wir oft kleine Touren in den Harz oder an die Weser. Dann verwandelte meine Großmutter den Gepäckkasten hinten am Auto mit ein paar alten wollenen, zusammengeknuddelten Häkeldecken in eine Kochkiste und stellte den großen, gut zugedeckten Reistopf wie in ein warmes Nest. Den Reis hatte sie mit Bouillon aufgekocht, ringsum einen Kranz Wiener Würstchen gelegt, in die Mitte lauter Tomaten, oben kreuzweise angeschnitten. Wolldecken drauf, Gepäckkasten zugeklappt, losgefahren. Bis wir das Ziel erreicht hatten, war alles gar und gut, und wir saßen auf den breiten Trittbrettern des Autos, aßen den Reis und tranken Saft, und wenn keine Ameisen die Würstchen oder uns gewittert hatten, legten wir uns aufs Moos und schauten zwischen dem Laub oder den dunklen Nadelbäumen in den Himmel.

Also schrieb ich über Reis, informierte mich bei den wenigen Medizinern, die sich um gesunde Ernährung kümmerten, lernte bei Köchen und kam so zu meinem nächsten, lebenslangen Thema, dem Kochen.

Einer der Hamburger Freunde lud mich zum Dom ein, dem klassischen Vergnügen zwischen Herbst und Winter. Doch als er mich abholte, sagte er: »Wir müssen einen Umweg machen. Ein Freund von uns war eine Zeitlang bei einer Frankfurter Bank und ist jetzt zurückgekehrt. Er lädt zu einem Wiedersehenscocktail ein.«

Der heimgekehrte Freund wohnte in einem der großen Familienhäuser, die unzerstört, aber vollgestopft mit Untermietern waren, im obersten Stockwerk. Am Ende der Treppe hatte er seine Visitenkarte mit einer Reißzwecke an die Wand geheftet. Ich las den Namen: Schlepegrell, und ich sah wieder meinen Zeichenblock und den spinnwebübersponnenen Sarg in der Gruft, und als unser Gastgeber öffnete, und mein Freund ihn mir vorstellte, sagte ich: »Es kann Sie gar nicht geben. Ihre Familie ist seit Jahrhunderten ausgestorben.« Er machte ein verdutztes Gesicht, und dann lachten wir, und die Bude war so voll, und alle hatten so viel zu erzählen, und es gab so viel zu trinken, dass an diesem Abend niemand mehr woanders hinging.

Am nächsten oder übernächsten Tag rief der junge Mann aus der ausgestorbenen Familie an und sagte, er habe gehört, er habe mir den Dom-Abend verdorben, und ob er das wieder gutmachen und mich zum Dom einladen dürfe? Und so marschierten wir zusammen los. Er trug einen Dufflecoat aus englischen Heeresbeständen, und ich steckte immer noch in meinem ehemaligen RAD-Mantel, unterdessen in der fehlgeschlagenen Hoffnung gefärbt, man könne ihn lodengrün machen. Beide Kleidungsstücke waren für diese Jahre typisch: scheußlich, aber warm und wasserfest. Wir bummelten trotz Nieselregen und Kälte von Stand zu Stand, fuhren Karussell, aßen Kartoffelpuffer, saßen im Flohzirkus auf einer Holzbank und betrachteten die Flöhe, die kleine Kutschen zogen, tranken einen Schnaps, fuhren Geisterbahn und Achterbahn, bewunderten die Dame ohne Unterleib und eine mit Bart, aßen eine Bratwurst und redeten über alles. Über die Gruft unter der Kirche und wieso Emma, die Bürgermeistersenkelin, von einer ausgestorbenen Familie erzählen konnte, über uns, über seine Arbeit und meine Arbeit, über seine Mutter und seinen Bruder. Wir warfen Ringe, ohne etwas zu gewinnen, ließen uns aus der Hand wahrsagen, und dann war es elf Uhr, und der Dom wurde geschlossen.

Wir bummelten vom Ausgang fort, er Richtung Straßenbahn. Ich blieb stehen und sagte: »Meine Begleiter pflegen mich mit der Taxe heimzufahren.«

Er drehte sich gar nicht um. Er sagte: »Schön für Sie!« und ging weiter. Ich folgte ihm, später auf allen Wegen und Straßen, Jahr für Jahr, bis es über fünfzig Jahre waren.

Sanft beleuchtet vom Kerzenlicht

Einige Zeit später hielt ich auf einem Verlegerkongress in Karlsruhe einen Vortrag über Astrid Lindgren und die Kinderliteratur, und der Bürgermeister lud anschließend zu einem Empfang im Festsaal im Rathaus ein. Ich stand unter dem Gemälde einer schönen jungen Frau im weißen Gewand mit enger Taille, weitem Rock und einer rosa Rose am tiefen Ausschnitt. Ein hellblauer Schal ist dekorativ um Schulter und Hüfte geschwungen. Sie schaut zwischen üppigen, blonden Korkenzieherlocken über den Betrachter hinweg.

»Das ist unsere Malle«, sagte mein Nachbar. »So haben die Karlsruher Amalie Morstadt genannt. Verheiratet hieß sie Haizinger und war die berühmteste Hofschauspielerin ihrer Zeit, hier bei uns in Karlsruhe und in Wien. Unser Großherzog Leopold soll damals fast in Tränen ausgebrochen sein, als sie dem Ruf nach Wien folgte, ans Burgtheater. ›Ich geb die Haizinger net her! Ich geh selber gern ins Theater!‹ soll er gerufen haben.«

»Oh … «, sagte ich, »Malle ist meine Ururgroßmutter.«

Aber ich kannte nur den Namen, mehr nicht, hatte ihn vielleicht von meinem Vater gehört, nebenbei erwähnt, wie man von denen spricht, über die man nicht viel weiß. Dieses Gemälde hatte er gewiss nicht gekannt. Eine Frau, so keck, so heiter selbstbewusst. Ihr Porträt hängt heute im Landesmuseum Karlsruhe, und ein Foto dieses Gemäldes hängt bei mir. Im Licht der Morgensonne strahlt sie immer so, wie sie damals gestrahlt haben muss.

Dann vergingen die Jahre. Der junge Mann aus der ausgestorbenen Familie und ich hatten geheiratet und zwei Söhne bekommen. Ich konnte weiterarbeiten, weil der Journalistenberuf sich besser als andere den sich wandelnden Lebensbedingungen anschmiegt. Ich arbeitete

Wien-Hietzing: Meine österreichischen Urgroßeltern
Karl und Louise, die Burgschauspielerin.

nicht mehr als Festangestellte in einer Redaktion, sondern frei, nun auch für Rundfunk und Fernsehen, übersetzte Belletristik und Kinderliteratur und hielt im Frühling und Herbst für den Börsenverein des Deutschen Buchhandels in den verschiedenen Landesverbänden Vorträge für Buchhändler, über die jeweiligen Neuerscheinungen.

So kam ich Jahr für Jahr auch nach Karlsruhe und lernte dort eine pensionierte Lehrerin und leidenschaftliche Archiv-Stöberin kennen, die mir jedes Mal neue Dokumente über meine Ururgroßmutter brachte. Erst dann begann ich, auf sie neugierig zu werden, erst dann erfuhr ich Stück für Stück, wie das Leben der Amalie Morstadt mit der Literatur- und Theatergeschichte, aber auch mit den dramatischen Entwicklungen ihres Jahrhunderts verknüpft ist.

Sie wuchs in einer musisch begabten Familie und in einer Zeit auf, in der das deutsche Theater erst zu dem wurde, was es heute ist. Die badischen Herzöge in Karlsruhe hatten sich 1715 einen Theaterraum ins neue Schloss bauen lassen. Er diente jedoch nur dem Liebhabertheater der fürstlichen Familie, bei dem auch die Dienerschaft zur Not vakante Rollen übernehmen musste. Doch die Theaterlust hatte bald alle so gepackt, dass die gemischte Truppe aus Herr und Knecht auch während des Umbaus des Schlosses nicht zu spielen aufhörte. Zuerst in einem Holzschuppen, dann in der Orangerie, dann in einem bescheidenen Komödienhaus, auch nicht viel größer als der Schuppen. Seit 1810 gab es dann mit dem Großherzoglichen Hoftheater eine professionale Bühne mit Intendant und Beamten für die Theaterverwaltung.

Georg Michael Morstadt, Malles Vater, der in Göttingen Rechtswissenschaften studiert hatte, wurde Sekretär der Hoftheaterintendanz. Seine kleine Tochter Amalie, 1800 geboren, und ihr Bruder Karl Eduard wuchsen zwischen Theater, Schloss und Wald auf. Der Vater, der Amalie eine für Mädchen eher unübliche sorgfältige Erziehung angedeihen ließ, erlaubte ihr, mit neun Jahren als Oberon in einer Wohltätigkeitsaufführung zum ersten Mal auf der Bühne zu stehen –

mit großem Erfolg. Sie heiratete früh, mit sechzehn Jahren, den Heldendarsteller und »schönen Liebling des Publikums«, Karl Neumann. Sie bekamen zwei Töchter, Adolphine und Louise, doch 1823 starb Karl Neumann, und drei Jahre später kam der Heldentenor Haizinger von Wien nach Karlsruhe: Es war ganz offensichtlich Liebe auf den ersten Blick. 1827 heirateten sie und bekamen einen Sohn, der wie sein Vater Anton hieß.

Für das Ehepaar Haizinger begann eine Erfolgskarriere. Sie blieben Mitglieder des Karlsruher Hoftheaters, aber wurden zu Gastspielen in Paris und Berlin, in Hamburg, Dresden, Petersburg und Wien eingeladen und feierten überall Triumphe. Die Kinder blieben derweil in der Hut des Großvaters in Karlsruhe. Louise wurde zwei Jahre lang mit der kleinen Prinzessin von Baden in Mannheim, Bruchsal und Baden-Baden erzogen und kam dann, was durchaus nicht selbstverständlich war, in die höhere Töchterschule in Karlsruhe. Wenn die Eltern bei ihren Kindern waren, arrangierte die Mutter Privatkomödien. Louise notierte später in ihren Memoiren dazu: »Das Ganze soll sehr herzig ausgefallen sein. Wir waren eben kleine gut dressierte Affen.« Dann mussten die Eltern wieder für die nächste Gastspielreise packen.

Amalie Haizinger machte oft auch in Weimar Station und war mehrmals bei Goethe zu Gast. Sie entzückte diesen durch ihre natürliche Heiterkeit. Sie schrieb in ihren Erinnerungen:

»Zum ersten Mal in meinem ganzen Leben habe ich vor einem Besuch Bangigkeit gefühlt. Mit Sorgfalt putzte ich mich. Im rosen- und florgeschmückten hellen Hut, im himmelblauen Kleid und duftig-weißen Schal ging ich zum Herrn Geheimrat. Exzellenz begrüßte mich voll Liebenswürdigkeit und Güte …«

Das löste die Spannung, Amalie schwatzte so drauflos, wie sie es gewohnt war, und Goethe »bekundete besonders lebhafte Freude«, dass sie in Frankfurt das Klärchen im *Egmont* gespielt habe. Er fragte, was sie sich bei der Gestaltung dieser Mädchenfigur gedacht habe, und sie antwortete: »Gar nix hab ich mir denkt, als dass es ein Mädle isch, das Einen zum Umkommen gern hat, und so hab ich's halt gespielt!«

Darüber soll Goethe herzlich gelacht haben, und mein Vater behauptete, es habe ein Billett gegeben, auf dem Goethe für Amalie notiert habe: »Erst denken, dann reden!« Diese Anekdote hat mir mein Vater erzählt, als ich als Siebenjährige bei ihm in Berlin lebte, und ich bin heute nicht sicher, ob er sich dieses Billett nicht ausgedacht hat, um seine eigene geschwätzige Tochter zu mäßigen.

Malle und ihre Tochter Louise lernte ich eigentlich erst kennen, als ich die Memoiren der Louise Neumann von meiner Tante Anne Marie erbte. Amalies Töchter wurden ebenfalls Schauspielerinnen, doch Adolphine starb früh, während meine Urgroßmutter Louise am Burgtheater in Wien spielte. Malles Sohn Anton dagegen wurde nicht, wie es die Mutter erträumt hatte, ein strahlender Sänger wie sein Vater, sondern 1827 k. u. k. Kadett, Offizier, Adjutant beim Feldmarschall Graf Radetzky und später selbst Feldmarschall-Leutnant. Sein Freund aus Kadettentagen war der Reichsgraf Karl Schönfeldt. Und dann ereignete sich jenes seltsame »Familientreffen«, als Anton Haizinger in den Revolutionsjahren um 1848 mit den österreichischen Truppen auf Venedig zu rückte und vielleicht verfolgte, wie Giovanni Minotto, einer der Vierzig, aus seiner Heimatstadt verbannt und vertrieben wurde.

Malles Bruder Karl Eduard Morstadt, Anton Haizingers Onkel, inzwischen Jurist und Privatdozent in Heidelberg, stand dagegen auf der Seite der Revolution. Er höhnte öffentlich über reaktionäre Kollegen und Studenten und schloss sich im Sommer 1848 voller Begeisterung mit seinen Studenten einem revolutionären Protestmarsch von Heidelberg nach Neustadt in der Pfalz an. Im Gegensatz zu seiner Schwester Malle und seiner Nichte Louise erlebte er nur den vorrevolutionären Zorn in der vergleichsweise friedlichen Umgebung einer Universität in einer kleinen Stadt. Die beiden Frauen jedoch erlebten diesen Kampf um Demokratie hautnah in Wien, als nun auch in der Monarchie jeder Landesteil seine eigenen Rechte haben wollte.

Sie spielten 1848 an der Burg. Das Theater lag damals noch außen vor der Mauer neben dem Michaelertor, und Louise schreibt in ihren Memoiren: »Es war am 13. März 1848, als wir eben Probe von einem neuen Stück hatten, da rief man uns plötzlich an das große Fenster unseres Konversationszimmers, welches die Aussicht auf den Michaelerplatz hatte. Dort sammelten sich Menschen zu dichten Massen, aus der Herrengasse kam ein geschlossener Zug fein gekleideter Herren, hinter ihnen eine Schar Studenten, die festen Schrittes in den Burghof marschierten. Das war der Beginn einer Revolution, die mit dem Spazierstocke in der Hand anfing und mit blutigen Köpfen endete. Natürlich wurde die Probe unterbrochen, wir eilten alle nach Hause und harrten der Dinge, die da kommen sollten, die nun längst ... Geschichte geworden sind.«

Die »fein gekleideten Herren« waren die Statthalter der im Reichsrat vertretenen Länder, »Herren« genannt, die ihren Sitz im Herrenhaus in der Herrengasse hatten. Die Studenten wollten ihre Forderungen Kaiser Ferdinand I. überbringen, der in der Burg residierte. Sie forderten eine Verfassung, Freiheit in Wort und Schrift, was für das Burgtheater bedeutete: keine Zensur der Stücke mehr, die dort aufgeführt wurden. Dazu Louise Neumann: »Nachmittags gab es Barrikaden und Verwundete, am 14. wurde Preßfreiheit proklamiert, die Bewaffnung der Bürger gestattet ... Fürst Metternich trat zurück.« Es war Metternich, dessen gefürchteter und verhasster Polizeiapparat für die allgemeine Zensur zuständig war und deren Auswirkungen noch ich erlebt habe. Da nämlich zu Metternichs Zeiten alle Schriftwerke über eine bestimmte, relativ geringe Seitenzahl zur Zensur eingereicht werden mussten, galt noch 1951 die Regel, dass ein Exemplar jeder Dissertation im Archiv der Wiener Polizei in Gewahrsam genommen wurde.

Louise notierte weiter: »Am 15. wurde die Konstitution gegeben, am 16. fuhr der gute Kaiser Ferdinand durch die Straßen, wurde bejubelt und am Abend mussten wir die Fenster beleuchten. Am 17. war das Leichenbegängnis der Gefallenen und dann trat scheinbar Ruhe ein, die sich fortsetzte bis zum 26. Mai. Selbstverständlich waren in diesen sturmbewegten Tagen alle Theater geschlossen, aber sowie die äußerlichen Spuren der Revolution verwischt waren, mussten wir unsere Tätigkeit wieder aufnehmen – aber wir waren mit einemmale in eine ganz andere Atmosphäre versetzt. Vorläufig war sie schwül. In den Vorstädten griff man nun gleich nach den früher verbotenen Stücken und jetzt war auch bei uns die Auferstehung für die *Karlsschüler* gekommen ... Am 24. April wurden die *Karlsschüler* zum ersten Mal gegeben ... « Gemeint ist das Drama von Heinrich Laube über den jungen Karlsschüler Friedrich Schiller, der in seinem Stück *Die Räuber* die Tyrannei der Fürsten anprangert.

» ... Einen solchen Jubel, wie an diesem Abend«, heißt es weiter, »hatte ich in unserem ruhigen Burgtheater noch nie erlebt. Das Stück wurde zahllosemale wiederholt und es war merkwürdig, wie man eigentlich der Volksstimmung den Puls fühlen konnte, an den Stellen, die sich auf die jeweiligen politischen Verhältnisse bezogen – je nach dem Beifalle, mit dem sie begleitet wurden. So war dann mit einemmal der Ernst des Lebens an mich herangetreten, meine Harmlosigkeit war dahin – und doch wurde weiter und weiter gespielt, als ob alles wieder beim alten angelangt wäre, und man ahnte nicht, wie die Flocke, die gelöst war, sich langsam zur Lawine ausbildete ... Vom 25. auf den 26. Mai wurde in der Nacht die Sturmglocke von St. Stephan geläutet, das Zeughaus geplündert und es wurden wiederum, aber diesmal zahllose Barrikaden gebaut.«

Mutter und Tochter hatten eine Parterrewohnung am Judenplatz gemietet, nicht weit vom kaiserlichen Zeughaus, doch Louises Schlafzimmer lag zum Hof, so dass sie fest schlief und nichts von der nächtlichen Unruhe hörte. Das ihrer Mutter aber ging auf den Platz, und sie hatte des Lärmes wegen kein Auge schließen können. Gegen sechs Uhr in der Früh wollte sie das Fenster ein wenig öffnen, aber da stand mitten auf dem Platz ihr gerade gegenüber »ein schwarzer Kerl mit aufgepflanzter Standarte« und schrie sie an: »Da ist ja noch so eine schwarz-gelbe Kanaille!«

Sie fuhr zurück, duckte sich und kroch auf allen vieren zu ihrer Tochter. Doch da wurde so heftig an ihr Schlafzimmerfenster gepocht, dass sie es öffnete, bevor es zu Bruch ging. Draußen standen Männer, die von ihr Möbel zum Barrikadenbauen verlangten. Den Dialog hat ihr Mann, Anton Haizinger, in seinen Memoiren festgehalten: »Was wollet ihr denn mit meinem kleinen Schreibtischle für Barrikaden baue? Des isch ja zu schwach. Aber da drübe wohnt einer, der verkauft große Kischte, die passe besser dazu.« Das half, aber wie die Tochter Louise erzählt: »Nicht lange danach ragte eine regelrechte Barrikade bis zum Fenster, wo dann von Zeit zu Zeit ein Proletarierkopf auftauchte, um zu beobachten, was bei uns vorging. Es war nicht viel zu sehen, außer einem Paar schutzloser Frauen.«

Der Sommer schenkte ihnen eine Atempause, und als Anton, der Sohn, mit Radetzky im Herbst »aus dem glorreichen Feldzuge zurück« von Venedig kam, stellte sich sein Freund Reichsgraf Karl Schönfeldt seiner Mutter und Schwester vor. Louise notierte, was in den folgenden Tagen geschah: »Am 6. Oktober früh hörte ich wieder die Alarmtrommel schlagen, aber wir waren daran schon so gewöhnt, dass uns dieser Lärm keinen Eindruck mehr machte.« Sie hatte eigentlich zu Hause bleiben wollen, war aber von der Mutter überredet worden, den schönen Herbsttag bei Freunden in der Nähe von Wien zu genießen. »Als ich gegen Abend zurückfahren wollte, geriet ich in einen verdächtig aussehenden Pöbelhaufen, der johlte, schrie … Mit Schaudern empfand ich, dass nun die gefürchtete Lawine niedergegangen sei.«

Sie kehrte um, verbrachte eine unruhige Nacht bei den Freunden, und am nächsten Morgen brachte ein Bote einen Brief von der Mutter: »Sei ganz ruhig, geliebte Tochter! Es ist mir nichts geschehen. Ich habe vier Ritter gehabt, die dich trotz des Jammers grüßen: Bird, Bacher, Devrient und Graf Schönfeldt. Das unerhörte Verbrechen ist geschehen. Latour hängt an der großen Lampe auf dem Hof. Noch beben mir alle Glieder! Jetzt, neun Uhr, ist es ziemlich ruhig, morgen komme ich hinaus, wenn ich kann. Sei unbesorgt für mich!«

Louise fuhr trotzdem sofort nach Wien zurück. »Als ich nach Hause kam, fiel mir meine gute Mutter in Aufregung weinend um den Hals. Sie hatte ja das fürchterliche Schauspiel in nächster Nähe erlebt, … wie sie mit den Tüchern herumtanzten, die sie in des unglücklichen Latours Blut getaucht hatten … Und nach all diesen vorangegangenen Greueln dekretierte der Reichstag abermals, es müsse zur Beruhigung der Gemüter im Burgtheater gespielt werden. Das war denn doch zu viel von uns begehrt –«

Die Haizingers kündigten die Wohnung, in der sie diesen Schrecken erlebt hatten. Sie spielten wieder, aber alle waren bedrückt. Der Kaiser, Ferdinand I., dankte ab, sein Bruder verzichtete auf den Thron, und ein Achtzehnjähriger, Franz Joseph, musste das schwere Amt übernehmen.

Karl Schönfeldt hatte sich schon in jenen stürmischen Tagen 1848 glühend in Louise verliebt, als er im Auftrag seines Freundes Haizinger Mutter Amalie und Schwester Louise beschützen sollte. Er musste am nächsten Tag noch vor Morgengrauen wieder zu seiner Einheit zurückkehren, doch als er leise die Stiege hinunterschlich, um niemanden zu wecken, wehte ihm Kaffeeduft entgegen, und er sah Louise, die ihn am gedeckten Frühstückstisch erwartete, sanft beleuchtet vom Kerzenlicht. Sie unterhielten sich stundenlang und mochten sich gar nicht trennen, aber Karl musste sieben Jahre lang um sie werben. Dann erst willigte sie ein, sich mit dem sehr viel Jüngeren zu verloben und das einzugehen, was von seinen Standesgenossen als »Missheirat« bezeichnet wurde.

Mutter Malle muss ein Wirbelsturm gewesen sein, ihre Liebe zur Tochter sicher eine Naturgewalt. Louise war die Zarte, aber nicht die Schwächere. Das Bewunderungswürdige an ihr war ihre Kunst, sich leise, leise gegen alles, auch gegen die eigenen Bedenken, zu wehren und das zu tun, was sie für richtig und angemessen hielt. Sie wusste sehr wohl, was die Heirat für Karl bedeuten würde. Sie war als Bürgerliche und als Schauspielerin nicht standesgemäß, also war er nicht mehr hoffähig. Das schloss ihn und auch sie von bestimmten Hofgesellschaften aus. Ich glaube, sie wollte sicher sein, dass ihn dieser Verzicht wirklich nicht schmerzte und seinen Stolz oder sein Selbstgefühl nicht beeinträchtigte, denn nach der missglückten Revolution von 1848 spielten alle Monarchien Europas noch einmal nach Kräften ihr zeremonielles Hofleben.

Aber Karl bestand die Prüfung und entschied sich frei und sicher auch fröhlich für sie. Und ich bin überzeugt, dass die Gesellschaft von Dichtern wie Franz Grillparzer oder Marie v. Ebner-Eschenbach ihnen später Ausgleich genug war.

Für ihre Mutter Amalie war das Leben Theater und Theater Leben. Sie war empört, als Louise ihr zu verstehen gab, dass sie nach der Heirat mit Karl Schönfeldt das Theater verlassen wollte. Sie kannte alle, Dichter und Sänger und Mimen und Fürsten und Könige. Als sie des hohen Alters wegen nicht mehr spielen konnte, besuchte sie jeden Abend ihr Burgtheater, bis sie nicht mehr imstande war, die Treppen zu erklimmen.

Karl und Louises Sohn war jener Großvater Rudolf, den ich 1948 in Wien noch kennengelernt habe.

Louises Freundin, Marie v. Ebner-Eschenbach, notierte am Freitag, den 11. März 1898 in ihr Tagebuch: »Ein Grad Kälte Herrlicher Tag L Schönfeldt hat einen Enkel.«

Das war mein Vater.

Mein Vater stellte fast mein ganzes Leben lang die Familie für mich dar, der ich durch Geburt angehörte. Er war der einzige echte Verwandte, aber er lebte immer in der Ferne. Ich verfolgte jedoch in Hamburg und bei gelegentlichen Besuchen in Wien, dass er als der erste Quizmaster in Österreich mit seiner Sendung *Quiz 21*, die von 1958 bis 1974 lief, so berühmt geworden war, dass seine Kalauer und Redensarten in die Alltagssprache übergegangen waren. Seine Fragen aus verschiedenen Wissensgebieten waren in Schwierigkeitsgrade von 1 bis 11 eingestuft, und wenn jemand mit einem Problem zu kämpfen hatte, so stöhnte er: »Des is a Elfer-Frag'«, und wenn etwas gemischt wurde, hieß es: »Ich mach eine Mischkulanz«, so wie mein Vater immer sagte, wenn er die Karteikarten mit den Quizfragen neu mischte.

Als ich, bei einem Besuch in Wien, neben ihm in seinem schwarzen Volkswagen saß, eilte am Ring ein Polizist auf uns zu und rief: »Ja, der Herr Hornegg!« und stoppte den Verkehr, so dass mein Vater friedlich abbiegen konnte. Und als mir entfuhr: »Das wär bei uns nicht möglich!« fragte der Polizist mitleidig: »Wo müssen Sie denn leben?«

Als Quizmaster hatte sich mein Vater aus dem Vornamen seines Vaters, Rudolf, und dem Namen des ehemaligen Schönfeldt-Schlosses, das er am liebsten gehabt hatte, sein Pseudonym zusammengesetzt: Rudolf Hornegg.

»Warum ein Pseudonym?« fragte ich.

Er zuckte die Achseln. »Das ist nur eine Rolle.«

Er blieb auch im Hintergrund, als nach dem Österreichischen Staatsvertrag 1955 auch in Wien der Wiederaufbau begann und seine Frau den Auftrag erhielt, den Wiener Opernball zu organisieren, jenes Staatsunternehmen, das damals zu einem vor allem politischen Zweck wiederbelebt wurde. In der westlichen Welt blühte inzwischen die Wirtschaft, während über Wien noch immer das düstere Grau der russischen Besatzungszeit lag. So sollte der Wiener Opernball helfen, alte internationale Beziehungen aufzufrischen und neue Handelsbeziehungen zu knüpfen. Und so kamen Minister, Könige und Prinzessinnen, Diplomaten und Wirtschaftsbosse aus der ganzen Welt, tanzten und verhandelten in allen Sprachen. Da mein Vater ein hervorragendes Französisch sprach, vielleicht besser als Deutsch, und aus seiner UFA-Zeit die Gesetze und Marotten einer solchen Gesellschaft kannte, war er der ideale Partner seiner Frau. Wenn seine Frau in den fünfundzwanzig Jahren ihrer Tätigkeit als Ballmutter bezeichnet wurde, so war er der Ballvater.

Ich kam in den frühen Jahren zwei- oder dreimal, auch einmal im Auftrag der ZEIT, zum Opernball nach Wien, als die Anzahl der Gäste und derjenigen, die den Ball eröffneten, noch überschaubar waren, und erlebte, wie mein Vater es genoss, in der Mitte von allem zu sein. Er kannte jeden, und nach Mitternacht kamen die Mädchen zu ihm, die eröffnet hatten, und baten: »Ach, liebster Onkel Carl, kannst du nicht mit Mami sprechen, dass ich noch ein bisschen bleiben kann, bis zwei oder bis drei Uhr?«

Manchmal, wenn die meisten schon mit den Nelken, die sie sich aus den üppigen von der italienischen Regierung gestifteten Dekorationen gezupft hatten, gegangen waren, holten die jungen Leute aus dem Eröffnungskomitee die Blumenfrauen in den Saal, die in den Foyers ihre Veilchensträußchen feilgehalten hatten, und tanzten mit ihnen einen letzten Ringelreihen, und wir schauten ihnen zu.

Puffärmel, die wie Flügel die Gesichter umrahmen

Dann begann noch einmal ein neues Kapitel, in dem ein lang verborgenes Geheimnis gelüftet wurde und in dem der Weg weit aus Europa, aber nicht aus der europäischen Geschichte hinausführt.

Anfang dieses Jahrtausends rief mich ein Kollege aus Berlin an. Er sei Fernost-Korrespondent seines Blattes und habe in Manila jemanden kennengelernt, der meine, er sei mit mir verwandt und der ihn gefragt habe, ob er mich wohl anrufen dürfe. »Er hat Sie im Internet entdeckt …«

Manila? Ich hatte seit Jahrzehnten nicht mehr an die Rohrplattenkoffer meiner Göttinger Großmutter Sophie und das Flamingokleid und die gerösteten Heuschrecken gedacht. Also bat ich meinen Kollegen, dem Unbekannten meine Telefonnummer zu geben, und kurz darauf hörte ich eine Stimme aus ein paar Tausend Kilometern Entfernung. »This is Sixto. Are you related to Carlos Sackermann?«

Carlos war mein Großvater. Und Carlos war sein Großvater. Carlos, den meine Großmutter im Stich gelassen hatte. Carlos, dessen Bild sie von allen Fotos abgeschnitten hatte. Das alles war hundert Jahre her.

Als ich Sixto ein paar Wochen später die Haustür öffnete, als ich ihn vor mir stehen sah, etwa so groß wie ich, goldene Haut, ovales Gesicht, schwarze Haare und Augen, kam es mir so vor, als ob wir uns schon immer gekannt hätten. Sein Händedruck war mir vertraut, seine Stimme, sein Lächeln. Wir tranken Tee und redeten, ich holte Sophies Fotoalbum, und wir redeten und redeten von morgens bis abends. Er hatte keine Ahnung gehabt, dass sein Großvater vor dem

Manila: Die erste philippinische Tochter Carmen
meines Großvaters Carlos, die Mutter meines Cousins Sixto.

Ersten Weltkrieg schon einmal verheiratet gewesen war, dazu noch mit einer Weißen, und eine Tochter gehabt hatte. Diese Tochter, meine Mutter, hieß Carmen, und seine Mutter heißt auch Carmen. Was sind wir dann? Haben denselben Großvater, aber jeder seine eigene Großmutter und Mutter. Ist seine meine Stiefmutter? Und er? Ein Enkel von Carlos wie ich. Sind wir Stiefenkel?

Wir beschlossen, uns *cousin* zu nennen.

Meine Großmutter war eine Europäerin. Sixtos Großmutter aber eine Filipina – und nur die erste von insgesamt dreien, die sich Carlos nacheinander zur Frau genommen hatte. Jede der drei hatte eine Tochter bekommen, und Carlos hatte jede Tochter Carmen genannt ebenso wie seine kleine, weiße, erste, verschwundene. War das ein Zeichen, dass er meine Mutter doch nicht vergessen hatte? Und: War diese Vorliebe zu Filipinas die Erklärung, warum Carlos von seinen Eltern nach Europa geschickt worden war, um sich eine weiße Frau zu holen? Und hatte ihn diese weiße Frau ein Jahrzehnt später mit Absicht verlassen?

Sixto und ich kamen zum selben Schluss: Unser Großvater musste schon als junger Mann die zierlichen goldhäutigen Filipinas reizvoller gefunden haben als die Töchter der spanischen Gesellschaft oder der schweizerischen, deutschen und englischen Familien, die seit Generationen in Manila lebten. Aber weil die Philippinen noch dem König von Spanien gehörten, und weil die herrschende Kaste aus Spaniern und Jesuiten strengen gesellschaftlichen Prinzipien folgte, war es damals außerhalb jeder Konvention, sich mit *natives*, mit Eingeborenen, einzulassen. Eine solche Heirat hätte einen Eklat und sozialen Abstieg bedeutet. Deshalb wurde Carlos nach Hamburg geschickt, um sich eine ehrbare Weiße als Ehefrau auszusuchen, als ein gesellschaftliches Alibi.

Und nach der Heirat? War er dann gleich wieder heimlich zu seiner Filipina gegangen? Ich hoffe, dass er meine Großmutter wenigstens in den ersten Jahren der Ehe geliebt hat. Aber irgendwann muss sie ihm auf die Schliche gekommen sein, hat wahrscheinlich gesagt: Ich fahr jetzt erst einmal nach Deutschland und stelle unsere Tochter Carmen meiner Familie vor, und unterdessen überlegst du dir, wie es weitergehen soll.

Ich weiß nicht, was sie gedacht, was sie gesagt hat. Ich weiß nicht, ob sie bei diesem Besuch oder später jemandem die Wahrheit über ihre Ehe eingestanden hat. Sie war stolz, und dass sie ein zweites Mal verraten und betrogen worden war, wird sie tief beleidigt haben. Das erklärt ihr Schweigen. Damals, als ich als Kind in Göttingen bei ihr und ihrem zweiten Mann gelebt habe, ist kein Wort über Filipinas oder gar philippinische Nebenbuhlerinnen gefallen. Einmal, vermutlich als ich das erste Mal verliebt war, habe ich sie gefragt, ob sie Carlos geliebt habe. Ich weiß noch, wie sie missbilligend den Mund zusammenkniff und antwortete: »Ach – daran kann ich mich gar nicht mehr erinnern. Das ist so lange her.« Unfassbar, dachte ich, das Alter muss schrecklich sein, wenn man so etwas vergisst.

Sie hat auch nie etwas von Carlos Eltern erzählt. »Reich«, das war das Einzige, »sehr reich, wunderbares altes spanisches Haus. Zuckerbarone«. Nach ihnen hatte Sixto auch geforscht und war dabei auf den anderen, den älteren Skandal um unseren Urgroßvater gekommen.

Emil Sackermann stammte aus dem Rheinland und war der Leiter einer englischen Handelsfirma in Manila. Er hatte reich geheiratet, Carmen Muñoz, die Tochter eines wohlhabenden spanischen Großgrundbesitzers, dem unter anderem Zuckerrohrplantagen und Haziendas auf der Insel Masbate gehörten. Emil Sackermanns Name wurde 1879 genannt, als das Auswärtige Amt in Berlin das Ansehen des jungen Deutschen Reiches auch dadurch zu stärken versuchte, dass in allen deutschen Niederlassungen im Ausland Konsuln eingesetzt wurden.

Doch sofort gab es Proteste: War Emil Sackermann nicht zur katholischen Religion übergetreten? Hatte er nicht mit Carmen Muñoz, Tochter des José Muñoz von Albay, »der Millionär sein sollte«, eine Ehefrau zweifelhafter Herkunft, nämlich eine »Mestizin«? Außerdem hatte sich Emil Sackermann in die Flottenpolitik des Deutschen Reiches eingemischt, das einen Teil der Philippinen als Kolonie gewinnen wollte. Daher lagen sich in der Bucht von Manila amerikanische, englische und deutsche Kriegsschiffe drohend gegenüber, und Emil Sackermann sah die Besitzungen seiner Schwiegerfamilie auf Masbate bedroht. Er forderte Flottenschutz an, griff ihm jedoch ungeduldig und eigenmächtig vor und beschlagnahmte kurzerhand zwei deutsche Schiffe. Aus den Unterlagen, die Sixto über diesen Handstreich unseres Vorfahren gesammelt hat, geht nicht hervor, ob die Sache Folgen hatte. Konsul wurde er jedenfalls nicht.

Es musste diesen Vater zumindest irritieren, wenn sich ausgerechnet sein einziger Sohn öffentlich mit »Mestizinnen« zeigte. Also wurde das Enfant terrible, dem der Vater unterdessen die spanische Staatsangehörigkeit hatte verleihen lassen, nach Europa geschickt, und als Carlos mit Sophie zurückkam, war auch Emils Tochter Carmen Maria, drei Jahre jünger als Carlos, höchst befriedigend mit einem Engländer verheiratet, dem Eigentümer einer Schifffahrtsgesellschaft.

Wie die beiden Geschwister, Carlos und Carmen Maria, mit ihren Ehepartnern, Kindern und Freunden gelebt haben, konnte ich Sixto zeigen, und während er eins der bräunlichen Fotos aus Sophies Album nach dem anderen musterte, wiederholte er immer wieder: »Das ist ein Schatz! Das ist ein nationaler Schatz!« Denn die Bilder zeigen nicht nur, wie wohlhabende Filipinos, Deutsche und Engländer in dem Jahrzehnt vor dem Ersten Weltkrieg gelebt, gelacht, gegessen und Feste gefeiert haben, sie zeigen ein Manila, das es nicht mehr gibt.

Im Zweiten Weltkrieg hatten japanische Bombengeschwader auch Manila angegriffen, und als Europa 1945 den ersten Sommer ohne Krieg genoss, begann im Pazifik das letzte Kapitel des Zweiten Weltkrieges, der Kampf gegen die Japaner, die alle Inseln in der Südsee besetzt hielten, auch die Philippinen. Amerikaner und Engländer hatten bereits Ende 1944 Manila bombardiert, die letzte Bastion der Japaner. Die alte spanische Stadt lag in Trümmern, so wie die Stadt meiner Kindheit, Nassau, in Trümmern lag. Der Pasig River, an dem das Haus und die Ställe und die Wiesen und Weiden unseres Großvaters lagen, musste sich ein neues Flussbett suchen. So wie das Ufer der Lahn von Bomben abgerissen und aufgebrochen worden war. Niemals war sie im Sommer mehr gesäumt von Klee und Margeriten, Glockenblumen und Weidenkätzchen, Rainfarn und Skabiosen und tanzenden blühenden Gräsern.

Ich weiß, es gibt größere und wichtigere und schönere Städte, die ausgebrannt und zertrümmert sind, aber man trauert um das, was man kennt und liebt, immer noch liebt, auch wenn es nur noch eine Erinnerung ist. Deshalb war Sixtos Trauer auch meine Trauer.

Geblieben sind die Fotos meiner Großmutter, und als ich wenig später Sixto und die anderen Enkel und Urenkel unseres Großvaters, meine große Familie aus Filipinos, Spaniern, Chinesen und Amerikanern besuchte, hatte er eine Reiseroute zu den Orten zusammengestellt, die jene verblichenen Fotos zeigen. Wir standen auf dem Platz, auf dem ihr Haus im Grünen gelegen hatte. Ringsum steinerne Straßenzüge, dort, wo einst Wiesen waren, chemische Fabriken und Gasometer. Wir sahen den veränderten Flusslauf, nun in der Ferne. Wir fuhren auf Inseln, wo unsere Großeltern Wasserfälle bewundert hatten, besuchten alte spanische Häuser, schauten bei Picknicks wie sie einst auf Seen und auf das Meer, aßen zu Mittag in schwimmenden Gaststuben und besuchten das Grab unseres Großvaters und die Universität, in der Sixto studiert und gelehrt hatte. Denn nachdem wir uns einen Tag lang über unseren Großvater unterhalten hatten, wollte ich wissen: »Wer bist du?«

Einer von drei Geschwistern, der Vater und der älteste Bruder schon gestorben, die Schwester mit einem Chinesen verheiratet. Sixto wurde in der Zeit der Gewaltherrschaft von Ferdinand Marcos auf dem Weg zur Universität verhaftet, verschleppt, gefoltert und für acht Wochen in Dunkelhaft geworfen. »Das machten sie immer, denn in dieser Zeit verheilen die letzten Wunden und Zeichen der Folter, und nichts ist zu beweisen.« Niemand wusste, wo Sixto war, selbst sein Vater, ein hoher Militärrichter, erhielt keine Auskunft. Sixto wurde wegen Aufruhr und Verbreitung demokratischer Ideen zu vier Jahren Gefängnis verurteilt. »Das war erträglich. Wir waren ein paar junge Leute. Wir durften uns unser Essen kochen, und wir haben einander unterrichtet.«

Dann wurde er entlassen mit dem Hinweis, er könne jederzeit wieder verhaftet werden, ohne Grund und Gerichtsverfahren. Manche tauchten unter, andere emigrierten. Sixto emigrierte. Er wurde Niederländer und gründete mit ein paar Hundert anderen Geschädigten nach Marcos Sturz die Akbayan-Partei. Ihr Ziel ist es, denen, die in der Marcos-Zeit um Beruf, Ehre, Geld und Land gebracht wurden, Gerechtigkeit zukommen zu lassen.

Mit einem Familienfest begann unser Besuch in Manila. Sixto hatte alle eingeladen, alle Nachkommen der drei philippinischen Frauen unseres Großvaters. Zwischen Nr. Eins und Nr. Zwei hatte es Spannungen gegeben, die sich auf die nächste Generation übertrugen. Von Nr. Drei hatte niemand etwas gehört. Sie wohnte »auf den Inseln«, was ungefähr so viel heißt wie: hinter dem Nordpol. Nun aber waren mein Sohn und ich da. Alle waren auf uns neugierig, und die, die sich seit Jahren nicht mehr gesehen und gesprochen hatten, kamen nun von überall her und beugten sich über Sophies Fotos, die auf dem großen Esstisch ausgebreitet waren. Sie lachten und stießen kleine Schreie aus und überboten sich mit Geschichten und Erinnerungen, die ihnen zu den Bildern einfielen.

Diese Fotos aus dem letzten Friedensjahrzehnt vor dem Ersten Weltkrieg, aus einer Welt, die es nicht mehr gibt, blieben in Manila. Sixto schenkte mir dafür die Fotografien seiner Mutter und ihrer Schwestern oder Cousinen – zarte, liebliche Mädchenblüten, engelhaft in ihrer Tracht aus hellem, leichtem Voile mit steifen Puffärmeln, die wie Flügel die Gesichter umrahmen.

Und man kann weit
über das Land schauen

Ich weiß nicht, wann ich anfing, den deutschen Ursprung der Schönfeldts wahrzunehmen. Irgendwann war mir der *Gotha*, das Handbuch des deutschen Adels, in die Hände geraten, und ich hatte im Band mit den gräflichen Häusern die Namen der Schlösser oder Besitztümer gelesen, in denen die deutschen Schönfeldts seit dem 12. oder 13. Jahrhundert gesessen hatten. Die Namen klangen wie ein mittelhochdeutscher Zauberspruch, und als mein Mann und ich in den 1960er Jahren in Leipzig zu tun hatten, überfiel mich die Neugier. Irgendwo in der Nähe musste zumindest eins dieser Häuser liegen, und wir kümmerten uns nicht um das strikte Gebot der DDR-Polizei, auf vorgeschriebenen Wegen zu bleiben, sondern fuhren durch dichten Herbstregen auf schlammigen, unbefestigten Landstraßen ohne Wegweiser nach einer Karte, die den Namen Liebertwolkwitz aufwies. Nichts als ein Dorf mit ein paar im Regen geduckten Häusern, grau, verfallene Scheunen, kein Mensch auf den Wegen. Keine Schlossanlage, nicht einmal eine Ruine.

So vergaß ich auch die anderen.

Bis zu einer Buchmesse in Frankfurt, ein paar Jahre später. Einer der DDR-Verleger kam auf mich zu und sagte freundlich: »Vorige Woche haben wir eins Ihrer Schlösser gesprengt!«

Ich war sprachlos. Ich kannte sie nicht, weder das unauffindbare Haus noch das gesprengte. Ich hatte nie durch ihre Fenster geschaut, ich wusste nicht einmal, was ich dann hätte sehen können, aber es waren doch Vaterhäuser, die ich hätte kennen können.

Und wieder vergingen Jahre. Dann kam die Wiedervereinigung, dann wurde ich zu einem Schönfeldt-Familientag eingeladen und

Löbnitz: Hilmar, der erste Reichsgraf von Schönfeldt
und Begründer der österreichischen Familie, gemalt von Anton Graff.

sagte aus Neugier zu. Ich reiste nach Sachsen und stand plötzlich zwischen lauter Menschen, die zu mir gehörten und die ich trotzdem nicht kannte. Ich folgte ihnen in ihre früheren Gutshäuser zwischen Spreewald, Mulde und Bitterfeld, die sie als Kinder im neuen DDR-Staat hatten verlassen müssen.

Sie liefen, manchmal in Tränen, durch die Räume, die die jetzigen Bewohner meist durch Rabitzwände in Zimmerchen geteilt hatten, riefen im Keller: »Es riecht noch wie damals! Und seht mal: Die alte Mangel steht noch da!« Und sie nannten Namen, die sie seit vierzig Jahren nicht mehr genannt hatten, Namen von Familienzweigen, von Kutschern und Lehrern, von Rittergütern, Pferden und Hunden. Nichts und niemanden hatten sie vergessen, und als ich auch etwas beitragen wollte und die Geschichte von Popo erzählte, wie sie mir damals 1948 mein Großvater in Wien erzählt hatte, da lachten sie und sagten, solch ein Ammenmärchen hätten wir gar nicht nötig. Es gäbe eine Urkunde aus dem Jahre 1220, in der würde ein Tammo erwähnt, Tammo aus Schönfelt. Über Tammo selbst sei nicht viel zu erfahren, außer dass er bei einem Rechtsstreit namentlich aufgeführt worden sei.

1220 – das ist fast achthundert Jahre her. Achthundert Jahre an denselben Orten. Hereingeheiratet und hinausgeheiratet. Diese Grafschaft dazugewonnen und jenes Lehen verloren. Das sind Hochzeiten und Begräbnisse, Fehden und Kriegszüge, immer wieder, achthundert Jahre lang. Das besitzt das Gewicht einer sehr langen Zeit. Die Schönfeldts sind keine berühmte Familie, aber wie ein alter, mächtiger Baum mit vielen Zweigen. Im Laufe dieser achthundert Jahre ist vieles festgehalten worden, und ich kann in Familienchroniken nachlesen, wie sie sich als Nachbarn und Lehnsherren verhalten haben. Ich kann in Urkunden verfolgen, was aus Tammo und seiner Familie wurde: Ritter und Landwirte, Geistliche, Ordensfrauen, später Hofbeamte, Stadthauptleute, päpstliche Geheimschreiber,

Kammerherren oder Ordenskanzler und immer wieder Landwirte. Sie schickten ihre Söhne in die eben gestiftete Fürstenschule St. Afra und die Töchter, denen sie keine Mitgift zahlen konnten oder wollten, als Nonnen ins Kloster. Sie zogen in einem Kreuzzug ins Heilige Land, kämpften in ganz Europa, marschierten gegen Venedig und erstürmten Mainz.

So ging es weiter, so bunt, wie das Leben ist. Einmal hatten Schönfeldts einen Straßenraub verübt und wurden in Acht und Bann getan, manchmal kauften und verkauften sie Städte oder Straßenzüge, meistens irgendwelcher Rechte wegen, manchmal drangsalierten sie ihre Bauern, manchmal stifteten sie etwas für Klöster und Kirchen.

Im Lauf der Zeit gab es genug Geschichten. Die von Wolf Schönfeldt aus Löbnitz zum Beispiel, der an den Türkenkriegen teilgenommen und ein ganzes Zelt samt Inhalt und einer lebendigen Beute mit nach Sachsen gebracht hat, der zehnjährigen Türkin Vatzi. Er habe Vatzi vor betrunkenen Soldaten gerettet, erzählte er allen, es sei die Tochter eines Bäckers, und der Mutter hätten die Soldaten den Kopf abgeschlagen. Ob das stimmte oder nicht – es war damals üblich, von Kriegszügen oder Entdeckungsreisen Giraffen oder Pardeltiere, manchmal eben auch einen Mohren oder ein anderes fremdartiges Menschenwesen mitzubringen. Der wilde Wolf sorgte jedenfalls dafür, dass Vatzi Deutsch lernte, und bei der Hochzeit seiner Schwester Sidonia mit Christoph v. Ende wurde Vatzi unter »gegenwart vieler 100 sonderlich adelichen personen ... der christlichen kirche einverleibt ...«.

Oder die Geschichte der beiden Schönfeldt-Schwestern, Eva und Margarethe, die mir schon mein Vater erzählt hatte. Ihr Vater Georg hatte beide, vermutlich noch halbe Kinder, 1512 im benachbarten Zisterzienserkloster Nimbschen als Nonnen untergebracht. Gar nicht weit entfernt hatte Martin Luther, der abtrünnige Mönch, seine Thesen 1517 an die Wittenberger Kirchentür geschlagen. Seine

Reformideen hatten die Schönfeldt-Schwestern und andere Nonnen wie Katharina v. Bora dazu gebracht zu fliehen. Nach meinem Vater half ihnen Luther, in dieser finsteren Sturmnacht über die Klostermauer zu klettern, und in der Dunkelheit habe er sich die Falsche gegriffen: Katharina statt Eva. In Wirklichkeit hielt sich Martin Luther, auch nicht mehr jung genug für solche nächtlichen Eskapaden, nicht einmal in der Nähe von Nimbschen auf. Eva mag Luthers erste Liebe gewesen sein, geheiratet hat sie den Professor Basilius Axt und Luther seine Käthe. Fest steht, dass sich seit dieser Flucht in der Osternacht 1523 ein freundschaftliches Verhältnis besonders zwischen Luther und Ernst, dem Bruder der Eva, entwickelt hat. Luther soll den 111. Psalm im Schatten einer Eiche im Schlosspark von Löbnitz übersetzt haben, machte gern dort auf seinen Reisen Station und predigte in der unterdessen evangelisch gewordenen Kirche.

Aber das waren Geschichten, die sich, losgelöst, an keinem Ort abgespielt hatten, den es noch gab. Oder waren da noch Spuren?

Und wieder war es ein Vetter, der mich fortan mit auf die Suche nahm. Er wollte selber wissen, was von unserer Familie noch zu sehen war. So gab es fortan in jedem Frühjahr eine Schönfeldt-Reise.

Zuerst waren wir in Löbnitz, wo einmal das Schloss gestanden hat, in dem meine direkten Vorfahren gelebt haben. Nur in der Kirche gibt es noch eine Erinnerung an sie: die steinernen Epitaphe an den Wänden und unter dem Altarbild eine ganze gemalte Stifterfamilie, fromm auf den Knien, und hoch oben unter der Decke zweihundertfünfzig Kassettenbilder, das ganze Alte und Neue Testament. Mit ihnen ließ ein Schönfeldt die Kirche schmücken, als sie nach dem Dreißigjährigen Krieg wieder aufgebaut wurde.

Im nächsten Jahr Döben. Auch nur eine Kirche, in die gerade wieder ein Patronatsherr, Wolf Schönfeldt, aus der Wende vom 16. zum 17. Jahrhundert mit Frau und acht Kindern eingezogen war, alle aus Lindenholz geschnitzt und bemalt, ursprünglich Teil des Altars.

Für die neugegründete DDR waren es zu viele Klassenfeinde auf einmal gewesen. So landeten sie auf einem Dachboden. Die Farbe blätterte ab, einige verloren die Köpfe, Würmer nagten ihre Löcher. Zwei der Schönfeldt-Kinder brachen ab und verstaubten unerkannt im Bodenwinkel des Pfarrhauses. Diese hölzerne Familie wäre für immer und ewig dem Vergessen und Verfall überlassen gewesen, wenn es nicht einen wissenschaftlichen Versuch zur Entfernung der giftigen Holzschutzmittel gegeben hätte. Mein Ahnherr plus Familie waren die Versuchspersonen. Das Experiment verlief erfolgreich, und die hölzernen Schönfeldts sind nach Döben heimgekehrt.

Im dritten Jahr stießen wir in Rudolstadt auf Prunk und Reichtum. Mein Ahnherr Georg, ebenfalls aus Löbnitz, war ein bedeutender Mann, Ratgeber von Fürsten, weltgewandt, und hatte eine wohlhabende Witfrau geheiratet. Er wurde dreiundachtzig Jahre alt, was im 16. Jahrhundert ein stattliches Alter war, und ließ für sich und seine Frau in der Stadtkirche St. Andreas zur Ehre Gottes ein Epitaph aus Marmor und Alabaster in vier Etagen in einem solchen Luxus bauen, mit Marmorreliefs samt weiteren Symbolgestalten und Familienangehörigen, dass es bis zur Decke reicht und den Kirchenraum fast sprengt.

Im selben Jahr fuhren wir weiter nach Kochberg, im Mittelalter eine Wasserburg, die die Schönfeldts zu einer der schönsten Renaissance-Anlagen aus hellen, rotgefassten Schlossgebäuden umgebaut hatten und rund vierhundert Jahre besaßen. Sie legten den »Großen Garten« nach Art der Barockgärten an. Doch Anfang des 18. Jahrhunderts starb diese Linie der Schönfeldts aus, und Kochberg wurde an den Freiherrn v. Stein verkauft, dessen Sohn den »Großen Garten« in einen Landschaftsgarten im englischen Stil vergrößern und verändern ließ, so wie es damals Mode war. Seine Mutter, Charlotte v. Stein, war Hofdame in Weimar, Freundin von Goethe, der oft und gern die dreißig Kilometer hergeritten ist und sicher mit Charlotte im Garten lustwandelte.

Das war das Ende meiner und meines Vetters Spurensuche. Wie aus der deutschen Freiherrenfamilie die österreichische Reichsgrafenfamilie wurde, erfuhr ich wiederum aus Familienchroniken und anderen Urkunden: Das ist die Geschichte von Hilmar v. Schönfeldt, auch aus Löbnitz. Ihm wird freilich nachgesagt, dass er nicht, wie es sich gehört, für Land und Leute gelebt und gewirkt, sondern so viel Geld wie möglich aus seinem Besitz gezogen haben soll, um sein weltmännisches Leben finanzieren zu können. Es kann aber auch sein, dass einfach das geschehen ist, was in meiner deutschen Familie nicht die Regel war: dass er über seine Mutter zu Reichtum gekommen war. Sie, eine Witfrau, hatte zwei Schlösser mit in die Schönfeldt-Ehe gebracht und besaß so viel Geld, dass der Sohn sich als kursächsischen Gesandten an den französischen Hof in Paris und dann nach Wien an den Kaiserhof schicken lassen konnte. Das war eine andere Welt.

Dort heiratete Hilmar Schönfeldt mit der Gräfin Fries, einer Bankierstochter, deren Familie auf dem Josefsplatz in Wien ein Palais bauen ließ, abermals reich. Die Söhne, Ludwig und Adolf, wuchsen am Kaiserhof auf. Ein alter Vetter schrieb etwas grämlich und vorwurfsvoll in der Schönfeldt'schen Familienchronik: »Beide waren ihrer Heimat entfremdet. Über die Fluren der Güter war der Sturm der Schlacht von Leipzig vom 14. Oktober 1813 dahingebraust. Das wird den Besitzer auch nicht gerade ermuntert haben, sich hierher zurückzuziehen.«

In dieser Schlacht, die die Völkerschlacht genannt wird, hatte der eine der Söhne, Ludwig, mitgekämpft und war verwundet worden. Er musste aus dem Militärdienst ausscheiden, suchte nun in Österreich eine Bleibe und kam wohl auf die kurioseste Art und Weise zu einem Schloss. Aichberg, in der Steiermark gelegen, ursprünglich eine Wehrburg, im Lauf der Jahrhunderte sieben oder mehrere Male von Türken oder Ungarn zerschossen und verwüstet und immer wieder aufgebaut, nun ein stattlicher Adelssitz, wurde 1815 nach dem Tod des letzten Besitzers mit kaiserlicher Genehmigung versteigert.

Über fünfzigtausend Lose müssen verkauft worden sein, denn der Gewinner, ein Prager Papierhändler, konnte das Los 50 516 vorweisen. Dem Papierhändler aber stand der Sinn nicht nach einem Schloss. Er wollte Geld haben. Also ließ er Aichberg verkaufen, und Ludwig, unterdessen k. u. k. Rittmeister und Kämmerer, schlug zu. Dann heiratete er Rosalie Gräfin v. Grünne, beide bekamen einen Sohn, Karl. Doch Ludwig konnte weder das Leben im eigenen Schloss noch das seiner kleinen Familie lange genießen, denn er starb vier Monate nach Karls Geburt auf eine Weise, die damals so alltäglich war wie heute ein Autounfall: Er stürzte im Schlosshof vom Pferd. Rosalie verkaufte Aichberg, und ihr Sohn Karl wurde jener Ordonnanzoffizier Radetzkys, der sieben Jahre um die Burgschauspielerin Louise Neumann werben sollte. Meine Urgroßeltern.

Ludwig war mein Ururgroßvater. Sein Sarg blieb in Aichberg und steht in der Loreto-Kapelle.

Einmal habe ich Aichberg besucht. Wenn man im Sommer zum Mittagessen im Turmzimmer sitzt, die Fenster in alle vier Himmelsrichtungen offen, so dass der Wind mit den weißen Gardinen spielt, so weht der Duft von Heu und Hitze herein, und man kann weit über das Land schauen. Es ist schön hier oben, und ich war gern hier und ich stünde gern neben meinem Vater und schaute hinaus. Das ist der Wunsch, der mich manchmal überfällt – bis heute: so zu leben wie früher. Aber diese Zeit ist vorbei. Ich bin in eine andere gegangen.

Die Familie mütterlicherseits

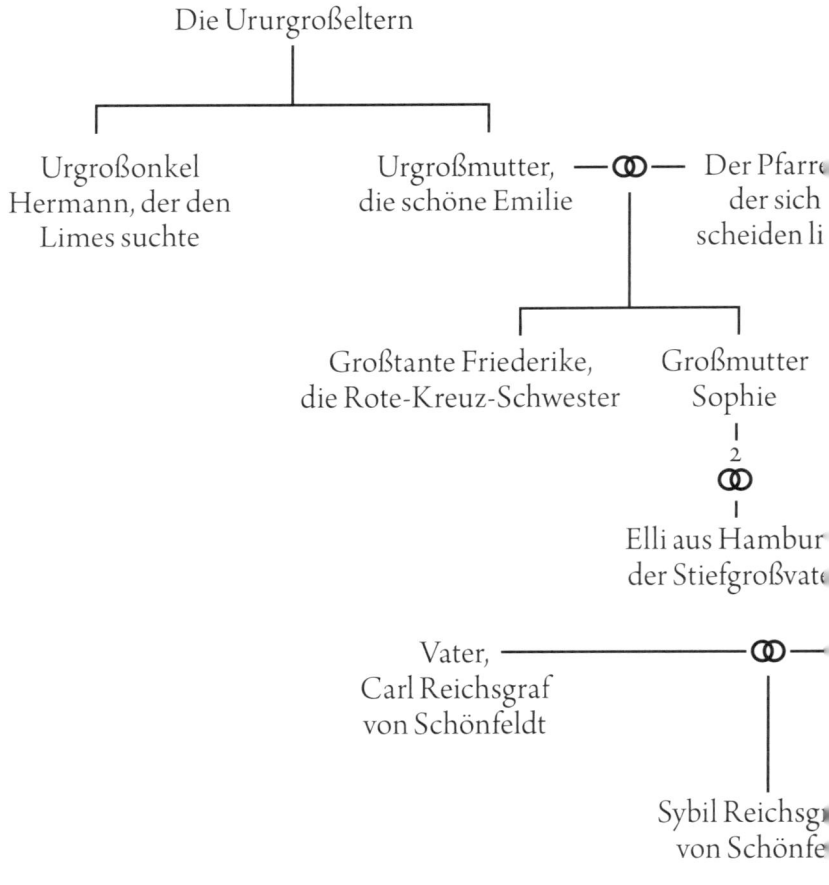

Die Ururgroßeltern

Urgroßonkel
Hermann, der den
Limes suchte

Urgroßmutter,
die schöne Emilie

Der Pfarre
der sich
scheiden li

Großtante Friederike,
die Rote-Kreuz-Schwester

Großmutter
Sophie

2

Elli aus Hambur
der Stiefgroßvat

Vater,
Carl Reichsgraf
von Schönfeldt

Sybil Reichsg
von Schönfe

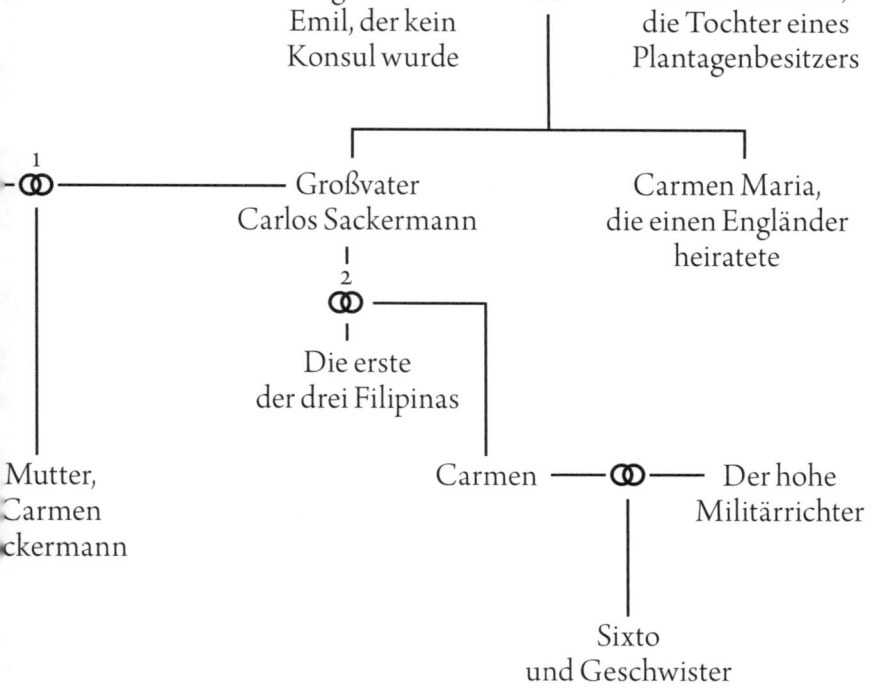

Urgroßvater — ⚭ — Carmen Muñoz,
Emil, der kein die Tochter eines
Konsul wurde Plantagenbesitzers

1
⚭ — Großvater Carmen Maria,
Carlos Sackermann die einen Engländer
heiratete

2
⚭
Die erste
der drei Filipinas

Mutter, Carmen — ⚭ — Der hohe
Carmen Militärrichter
ckermann

Sixto
und Geschwister

Die Familie väterlicherseits

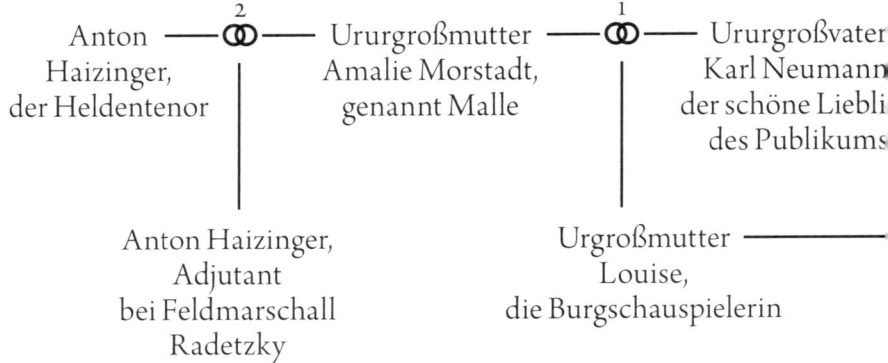

Anton Haizinger, der Heldentenor — 2 — Ururgroßmutter Amalie Morstadt, genannt Malle — 1 — Ururgroßvater Karl Neumann der schöne Liebli des Publikums

Anton Haizinger, Adjutant bei Feldmarschall Radetzky

Urgroßmutter Louise, die Burgschauspielerin

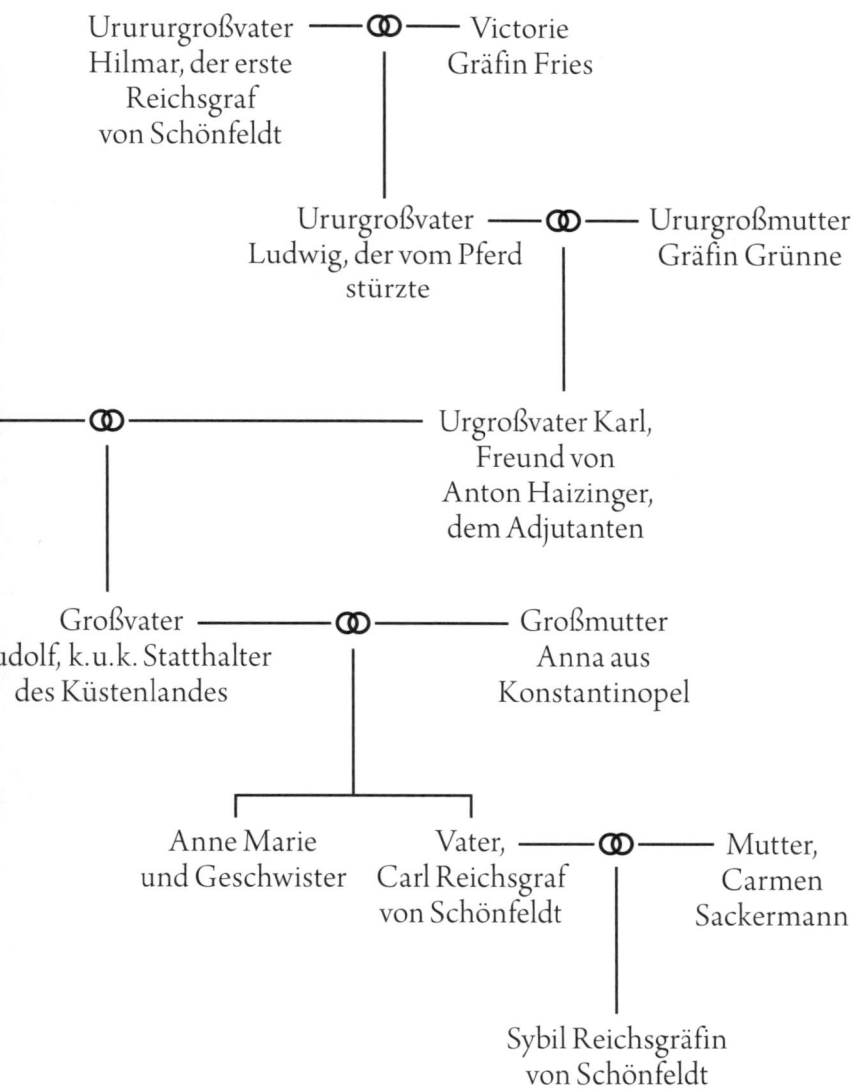

Urururgroßvater ——⚭—— Victorie
Hilmar, der erste   Gräfin Fries
Reichsgraf
von Schönfeldt

Ururgroßvater ——⚭—— Ururgroßmutter
Ludwig, der vom Pferd   Gräfin Grünne
stürzte

——⚭———————————— Urgroßvater Karl,
                                        Freund von
                                        Anton Haizinger,
                                        dem Adjutanten

Großvater ————⚭———— Großmutter
udolf, k.u.k. Statthalter   Anna aus
des Küstenlandes   Konstantinopel

Anne Marie   Vater, ——⚭—— Mutter,
und Geschwister   Carl Reichsgraf   Carmen
                   von Schönfeldt   Sackermann

Sybil Reichsgräfin
von Schönfeldt

Bildnachweis

Alle anderen Fotos stammen aus dem Privatbesitz der Autorin:
© Sybil Gräfin Schönfeldt